Soy Pendejo Por Pendejo

M.G. SOYÓTZIN

DEDICATORIA

Los regalos más valiosos que la vida te puede obsequiar son
aquellos en forma de personas que enriquecen tu vida.
Esos regalos tienen un ciclo, un momento que puede ser fugaz,
como cometa, o pueden ser casi eternos como diamante.
Dedico este texto como despertar de mi conciencia a todos
aquellos que pasaron por mi vida regalándome una enseñanza, pero
de manera muy especial a mis hijas, que en su propio andar me han
probado incompetente y sabio.

A Sandra

CONTENIDO

Prólogo:

Por lo regular, cuando se escribe un libro es alguien más el que escribe su prólogo, pues después de leerlo, ese alguien expresa una opinión introductoria resaltando con inteligencia lo mejor del libro y los porques de leerlo. Un buen prólogo indudablemente motivará al que hojea un libro a leerlo de cabo a rabo.

En ocasiones es el mismo autor el que siente la necesidad de dar una probadita del tema general del libro para así asegurar que los lectores tengan o una visión general del tema y esto les abra el apetito por más, o simplemente para expresar las emociones sentidas en el proceso de escribirlo.

Yo siendo el autor, en esta ocasión he sentido que debido al contenido del libro hay que agregar una explicación somera del porqué no se buscó la etiqueta, la formalidad y en última instancia un vocabulario "digno". Y claro que también darte una probadita del chocolate que estas por tomar.

En primera instancia te diré lo siguiente: Hay emociones y pensamientos que son difíciles de expresar con las simples palabras del vocabulario "decente", ya que muchos de nosotros no contamos con uno muy nutrido. Sin embargo, aun cuando hay personas que poseen uno muy amplio, pues hay emociones y pensamientos que necesitan otro tipo de energía fonética para expresarse con la fuerza que ameritan.

Nadie puede negar que, si alguien nos desagrada en extremo, es más sabroso mandarlo a "chingar a su madre" que simplemente decirle: "¡Retírese por favor!".

Por otro lado, las reflexiones, conclusiones e historias que aquí se encuentran no tienen como objetivo otro que no sea entretenerte mientras esperas a que te atiendan en uno de esos tantos lugares que disfrutan ver como se te va la vida mientras esperas tu turno.

Capítulos como "Patitas Al Hombro", "El Poder De La Verija" y "No Seas Joto y Dame Un Beso" son historias que con humor me ayudan a expresar el cómo a través de la historia se ha distorsionado el verdadero valor de nuestra sexualidad, nuestras elecciones de vida y por supuesto: Nuestra percepción de las cosas. Créeme que los demás capítulos valdrán tu tiempo.

No es la intención de este libro convencerte de lo jodido, infeliz o miserable que estás, para después venderte el remedio a tus desgracias. Simplemente es un libro como muchos otros, que nace después de reírme de todas las pendejadas observadas y vividas. Algunas de ellas atesoradas y otras que quiero olvidar lo más pronto posible. Tal como las pendejadas en tu haber querido colega.

Es mi deseo disfrutes su lectura y no te des por aludido, pues como dice el letrerito ése de las películas y series: "Cualquier parecido con la realidad, es mera coincidencia".

Capítulo I

QUE TE JODAN LA VIDA

Iba un tren de la Ciudad de México a Guadalajara – cuando había trenes de pasajeros – y entre los pasajeros se encontraba una hermosa mujer joven acompañada de su abuelita, las dos originarias del estado norteño de sonora. Frente a ellas estaban sentados dos caballeros quienes no se conocían entre sí, pero por el intercambio casual de palabras se identificaba claro su acento: Uno era de Jalisco y el otro de la Ciudad de México. Para todos es conocido el antagonismo – racismo - que sentían casi todos los "provincianos" por los "Chilangos" hasta hace poco, y "chilango" era como identificaban a los originarios de la capital del país. Claro que los caballeros a pesar de caerse mal entre ellos no podían ocultar el interés natural por la hermosa sonorense, por lo que cada cual, de rato en rato, se hacia el simpático a su manera. Cuando el tren cruzó el primer túnel largo, el vagón se oscureció y en esa negrura se escuchó clara y ruidosamente el sonido de un beso bien plantado, seguido de una fuerte bofetada. En cuanto se hizo la luz al salir del túnel se pudo ver que uno de los caballeros sobaba su mejilla con evidente dolor. Lo interesante de esta situación no era el madrazo que recibió el infortunado, sino los pensamientos que cada uno de ellos tenía a causa de esa situación. Por un lado, la joven hermosa pensaba: "Este huache abusivo me ha de haber querido robar un beso, se equivocó, se lo planto a la abuela y ella le dio su merecido". La abuela pensaba por su parte: "Este abusivo le robo un beso a mijita ¡Bien merecido el shingazo que le dieron a este hijo de su shingada madre!" El capitalino con coraje: "Chale hijo, pinche jalisquillo hijo de su puta madre, se pasó de lanza y a mí fue al que le partieron su madre". Con mirada pícara y ocultando una sonrisa el Jalisciense sentenció: "Nomas que pasemos otro túnel, me vuelvo a besar la mano y ¡le vuelvo a meter su putazo a este pinche chilango hijo de la chingada!". No necesito decir a quien le jodieron la vida en ese viajecito.

Todos de una manera u otra viajamos en diferentes posiciones o asientos en este tren que es la vida. A ninguno de nosotros nos gustaría estar en una posición donde nos jodan, como al capitalino y aunque parezca tentador, estamos algunos a los que no nos gustaría estar en la posición del que jode, como la del caballero tapatío, pero la vida o el azar es quien nos va asignando los asientos y continuamente nos obliga a jugar canasta revuelta.

Lo aprendido de la historia es que todo es cuestión de perspectiva y de que la mayoría de las veces las conclusiones que sacamos a causa de esa perspectiva no son precisamente las correctas, por lo que las decisiones que tomamos derivadas de esas conclusiones continuamente nos llevan a equivocarnos.

La perspectiva que cada uno de nosotros tenemos – como los pasajeros del tren – pueden ser muy diferentes y hasta opuestas aun cuando nos encontramos con otros en la misma situación. Eso nos da en ocasiones la certeza de que o estamos bien jodidos o somos nosotros los que estamos jodiendo. Nuestra situación en la vida la percibimos muy diferente a lo que en realidad es, y eso como mostraré más adelante, es más seguido de lo que te imaginas.

Muchas veces pensamos que la familia en la que naciste ha de determinar siempre como has de crecer y que nuestro entorno ha de dictar en qué clase de adulto nos convertiremos. Aunque en términos generales esto pudiera ser cierto, miles de casos demuestran que las personas son las que en ocasiones toman un rumbo opuesto a lo esperado. A veces superando perspectivas y a veces estando muy por debajo de los "estándares" sociales. ¿Qué nos lleva a ser como los demás? O en su caso ¿Qué nos lleva a rebelarnos? Son preguntas que de igual forma pocas personas se hacen. Simplemente viven en el viaje el asiento que les tocó y se resignan a ser de vez en cuando el que se soba los madrazos o en ocasiones ser el que los da.

Veamos una perspectiva:

No creas que por que naciste en una familia "integrada" ya estás con medio camino andado. Permíteme explicar.

Los primeros recuerdos que tengo de mi familia son los gritos de mis padres discutiendo de cosas que no entendía como infante que era, pero que de alguna manera yo comprendía era una situación que no debía de estar pasando. Como que algo no estaba en su lugar.

Y no creo yo ser la excepción. Pues todos tenemos recuerdos vagos de cosas vividas en nuestra tierna infancia, que no eran del todo agradables. ¿Por qué es que desde muy temprana edad percibimos cosas así? Algunos lo llaman instinto, pero no estamos hablando del miedo al fuego o el vértigo que dan las alturas, hablamos de construcciones más complejas, como juicios inconscientes de lo que está bien o lo que no lo está. Estamos hablando de un niño que "siente" que las cosas no están en su lugar. Es como un generador de emociones que nos ayuda a sentirnos cómodos o a sentir que debiéramos alejarnos o simplemente a no querer estar allí. Es un motor interno que afecta nuestros pensamientos e incide directamente en nuestra capacidad de ser felices. Es la "otra" clase de instinto.

En nuestra manera de procesar nuestro entorno encontramos básicamente dos formas: Pensamientos perfectamente estructurados, producto de un idioma plenamente desarrollado y la que simplemente se presenta como conceptos abstractos, ya sea porque nuestro lenguaje no esta tan desarrollado o porque dichos conceptos son de por sí tan complejos que nuestra mente los procesa en segundo plano. Un ejemplo de ello es el del automóvil. Este es un objeto que perfectamente puede ser descrito y a tal grado que cada una de sus partes puede ser dibujada a fin de que sea fabricado con precisión milimétrica, replicándolo miles de veces. Los sentimientos por otro lado solo pueden ser descritos de manera metafórica de tal modo que es prácticamente imposible replicarlos, pues, aunque un solo sentimiento puede en lo general ser entendido al ser descrito, como el odio, no puede ser explicado de tal manera que podamos encontrar dos personas que odien exactamente igual. Tanto los sentimientos como los pensamientos son energía que debe ser generada para que pueda ser puesta de manifiesto. Ese generador de energía es un motor que nadie ha identificado como órgano integral de nuestro cuerpo, más bien, ha sido identificado como un grupo de órganos y sus respectivas reacciones químicas. Pero al igual que un generador de electricidad, se compone de dos factores: El generador en sí mismo que podemos ver como el objeto que es y la electricidad, la cual no podemos ver, solo sentir o en su caso, observar los efectos que tiene en las cosas.

¿Qué es en realidad ese motor interno? Bueno, hay muchos libros que le dan nombre y filósofos que han tratado de explicarlo y hasta "iluminados" que muestran como descubrirlo.

Ese motor es LA ESENCIA con la que todos nacemos.

Dicho de otro modo: Cuando somos concebidos y los genes de nuestros padres se funden, de manera que nadie entiende plenamente aún, se crean patrones producto de la combinación de los cromosomas. En un lapso de nueve meses se han formado no solo las características físicas, sino aquellas que no se pueden ver en el microscopio, las estructuras que darán dirección a nuestra mayor herramienta o nuestro peor verdugo, El pensamiento.

Es de sobra sabido que el vehículo de la mente es el cerebro, pero que forma tienen las "carreteras" por los que deambula la mente en esa masa gris es un completo misterio.

Los genes que aportan los padres determinan en su combinación el color de ojos, pelo, piel. Nuestra altura y hasta los padecimientos que tendremos. Pero también nos aportan el tipo de acotamientos que darán vía a nuestros pensamientos. Este acotamiento es precisamente NUESTRA ESENCIA.

Por ejemplo, si alguien es una persona seria, con pensamientos taciturnos, humor negro o sin sentido del humor, no habrá nada que se pueda hacer para transformarlo en alguien diametralmente opuesto, pues a pesar de que se esfuerce por ser diferente, siempre saldrán a la luz las características de la autopista junto con los señalamientos por donde están circulando su pensamiento: Recta, curva adelante, topes, doble vía, zona de derrumbes. Basta ver a alguien sin gracia tratar de contar un chiste.

Nadie puede esconder su esencia sin hacerse daño a sí mismo. Esta esencia única en cada uno de nosotros hace posible diferentes resultados ante la misma circunstancia. Por eso es por lo que, ante una misma situación, algunos se enojan, otros ríen, otros lloran y a otros simplemente les vale madres.

Por ello el conflicto constante entre quienes somos y lo que otros quieren que seamos. Los padres insisten siempre en meter a los hijos en un molde preconcebido y así van ahogando su esencia. De allí la constante lucha entre el niño bien portado, sentado en silencio y el torbellino de risas y energía del chamaco latoso. Una manera como se ha logrado vencer de una gran manera el impulso natural de nuestra esencia es a través del adoctrinamiento, esa manera de meterte a huevo ideas preconcebidas a fuerza de coacción.

El adoctrinamiento nace de la necesidad de controlar a más personas con menos recursos. Imaginen convencer a 30 niños a estar quietos en un aula de clases, o mantener productivos a 1000 obreros con tantas diferencias de personalidad e ideas constantes. Fueron nuestros antepasados – los "inteligentes" – los que concibieron la idea de "estandarizar" a los individuos. Pero eso no lo saben nuestros padres, ellos simplemente quieren educar a un futuro "adulto productivo" y encajar en el modelo que a ellos mismos se les ha impuesto como ciudadanos ejemplares y miembros respetables de su comunidad religiosa.

No hay niño que nazca siendo católico, musulmán o seguidor del Real Madrid. Eso todos lo sabemos, pero no lo entendemos, repito: Lo sabemos, pero no lo entendemos.

Es allí donde precisamente nos joden la vida: Cuando se nos enseña que solo nuestras ideas son aceptables y que el que no vive acorde a nuestros "valores" no debe ser tomado en cuenta. Y nosotros por supuesto, simplemente despreciamos a los que son "diferentes" según reglas que no creamos y condenamos a quienes no adoran a un dios a quien nunca hemos visto.

Claro que el adoctrinamiento cuando somos pequeños no viene como información concreta, sino en fragmentos en forma de gestos, actitudes, expresiones aisladas, pues no hemos desarrollado la habilidad de entender ideas claras. Hay muchas maneras de despreciar a una raza sin necesidad de palabras denigrantes. Mas adelante, a partir de cuando somos capaces de entender un idioma, el adoctrinamiento vendrá con ideas y creencias específicas.

Nuestra esencia se resistirá a la aceptación de ese ideario, pero dicha resistencia sucumbirá tarde o temprano ante la fuerza en un adhesivo que simplemente ligará las pendejadas con nuestra alma.

El pegamento que magistralmente se ha usado para adherir tantas supersticiones y prejuicios es el MIEDO. Y es que es precisamente el miedo lo que inhibe la libertad de nuestra esencia. Con miedo se nos condiciona y evidentemente nos obligan a mantenernos en los cubículos o corrales donde quieren que estemos. ¿Quién quiere arder en las llamas del infierno? ¿Quién quiere hacer enojar al dios del trueno? Lo anterior es la parte aterradora del control. El lado amable es la mística tras las afirmaciones supersticiosas, como la magia y la suerte.

¿Por qué nuestros padres no abrieron los ojos ante el perjuicio que se les hizo? Simplemente fueron adoctrinados en una forma de vida, sin siquiera cuestionar nada pues en la conformación, la mayoría encuentra comodidad. Es siempre más fácil seguir un camino andado que abrir brecha. Por ello nuestros padres simplemente se dejaron llevar como todos, y de esa manera perpetuaron la estupidez adoctrinando a sus propios hijos.

El poder de esa idiotez está en el hecho que en esa estandarización del individuo se crean lazos afectivos inconscientes con esa manera "normal" de ver la vida. Al imponernos a todos la misma concepción de las cosas, compartimos una cultura que nos da ese sentido de pertenencia. La inteligencia de quien tiene esas ideas de cosificación de las personas estriba en explotar los rasgos evolutivos impregnados en nuestra biología. En este caso el ser parte de una manada.

Allí es justamente donde todo vale madre, pues al estandarizarnos con los demás, perdemos las características que en realidad nos hacen únicos, y que amalgaman las cualidades y talentos, la belleza de nuestra ESENCIA.

Estudios serios muestran la predisposición natural de TODOS los niños a ser sociables con otros sin importar el color de la piel. Básicamente la naturaleza del ser humano es ser empático, pues está de por si en sus genes, como motor principal de la evolución de los individuos – Así lo explica Richard Dawkins, biólogo (El Gen Egoísta) – Pero es precisamente el adoctrinamiento de sus padres el que lo convence que su raza, creencias o posición social es de mayor valor. Triste es que no se requiere mucho para atontarnos, pues gran parte de estas mamadas son inculcadas en la tierna edad. No es muy difícil determinar que un humano de 2 a 6 años no está plenamente desarrollado en sus funciones cerebrales y que antes de los 12 nuestra mente se sigue formando, de allí que afirmo que las ideas son tan pendejas que hasta un niño las asimila. Trata de convencer a un adulto que Odín y Thor existen. Las creencias inducidas en la infancia son las que mantenemos vivas en nosotros ya solo por la inercia de la costumbre y obvio, porque el que las quiere refutar solo se mete en pedos. Si no me crees, metete en una iglesia e insiste en ver al dios que dizque la gobierna como prueba de que existe. Es a raíz de ese adoctrinamiento que entra el conflicto de nuestros pensamientos impuestos con lo que en realidad somos de manera inconsciente.

¿Cómo pudiéramos saber quiénes somo en realidad? Ese es el gran problema.

De hecho, el noventa y nueve por ciento de las personas que habitamos en este planeta, no tenemos una idea de quienes somos, no nos conocemos a nosotros mismos, no sabemos en realidad lo que nos gusta. Y no hablo del sabor de una nieve o el clima. Hablo de las cosas que inconscientemente repudiamos y que por costumbre aceptamos o las que nos encantan, pero que ocultamos en nuestro afán de encajar. Todo eso que sentimos y pensamos "en segundo plano", pues no estamos plenamente conscientes de ello. De ahí que andemos amargados por la vida sin saber que chingados nos está pasando.

Cuando nacemos, lo hacemos como un lienzo que ya tiene algunos trazos – NUESTRA ESENCIA – Tal como en la obra del pintor Sandro Botticelli "El Varón de Dolores" misma que fue pintada sobre los trazos que ya contenía lo que hubiera sido la obra "La Virgen y el Niño", pero que, a causa de lo costoso del lienzo en aquellos tiempos, el pintor simplemente lo reutilizó cuando tuvo una nueva idea para su obra. Nuestros padres son los primeros en cubrir esos primeros trazos con capas en forma de ideas impuestas que a su vez fueron impuestas a ellos por sus padres y así sucesivamente. Llega el momento que nadie tiene idea cual era el trazo original de lo que éramos. Pero allí está.

La obra de Botticelli fue realizada en el renacimiento, alrededor del año 1500 y fue un estudio para verificar la autenticidad de la obra antes de una subasta lo que arrojó la presencia de esos trazos. Pasaron quinientos años aproximadamente para que se supiera esto. Bueno, nosotros no tenemos quinientos años para con calma desvelar quienes somos. Al reconocer que lo que miramos no son más que capas sobrepuestas, entonces hemos iniciado el camino a conocernos a nosotros mismos. Eliminaremos esas capas tal como se elimina la pintura vieja: las disolveremos, o como dicen algunos por ahí, desaprenderemos lo aprendido para de verdad aprender.

Primeramente, hay que reconocer que las estructuras morales, religiosas y sociales que se nos han enseñado no deben ser despreciadas, sino comprendidas. De primera instancia nuestros padres no se levantaron un día y se dijeron: "Mira que tenemos un hijo al que le joderemos la vida, pues ya tenemos en quien vaciar la copa de nuestras frustraciones". Ellos simplemente hicieron lo que tenían que hacer sin saber lo que estaban haciendo. De la misma manera, las sociedades han evolucionado desde la premisa de ser estructuras que permitan el desarrollo y bienestar de los individuos, aunque solo sean lo pocos, a costa de la segregación o desprecio de las mayorías. Pero finalmente la idea siempre ha sido "el progreso" del colectivo. Es el caso de las ideas que nuestros antepasados han venido arrastrando por generaciones. Ideas que al final forman nuestra idiosincrasia y dan vida a nuestra cultura.

Agradecer el hecho de que al menos hemos nacido en un sistema establecido que da dirección y sentido a las cosas. Entender que el respetar la ley y el orden le da civilidad al entorno. Hay que reconocer también que, sin importar el orden de las cosas, la esencia de uno no se jode más ni menos porque cierta corriente política gobierne o no. Lo que nos afecta es el ideario del colectivo en el que vivimos y eso, como mencioné anteriormente, se debe comprender antes que repudiar.

Cabe aclarar que una cosa es la belleza que una cultura expresa en sus comidas, en sus bailes, en tradiciones que fortalecen los lazos familiares, el sentido de comunidad, la trascendencia de la humanidad a través de las costumbres. Y otra cosa son las aberraciones que alejan a los grupos nacionales de los demás. De esas costumbres que denigran lo que es diferente y que acotan los derechos de vida de individuos que simplemente escogen otro sabor como postre.

El desprecio al orden establecido solo genera una constante de resentimientos que eventualmente no nos permitirá funcionar adecuadamente. Adaptarnos al entorno implica aceptación en cierto grado. Charles Darwin lo resumió con las palabras "Adaptarse o Morir" (El Origen De las Especies, capitulo 5).

Así que resta hacer a un lado los resentimientos que no nos permiten ver el panorama completo del porqué de las cosas que nos han sido entregadas. Saber ese por qué es precisamente lo que nos ayudará a comprender primero esas cosas, filtrarlas, escoger lo que pudiera servirnos y entonces mandar a la chingada lo que no sirve después.

Recuerdo que desde joven albergué cierto resentimiento a la ausencia de mis padres. Lo de siempre: Padres que, por sacar adelante a una familia numerosa, tienen que trabajar delegando el cuidado de los hijos a otros.

El día que mi padre murió, otro de sus hijos dijo palabras que hicieron "me cayera el veinte", dijo: "Mi padre tal vez no nos dio mucho, pero dio todo lo que tenía".

Esa es la realidad de la vida: Nuestros padres, y la sociedad en general nos dan lo que tienen y eso se debe agradecer pues creen que nos entregan lo mejor y en su aturdimiento creen de verdad que así es, pero ello no significa que lo tengamos que aceptar todo como modelo de vida, especialmente cuando abrimos los ojos y percibimos la "Matrix" en la que nos encontramos. (The Matrix – Warner Bros. 1999)

Los reclamos y resentimientos no son la mejor base para encontrar nuestra esencia. Y eso no solo lo digo yo. Lo dicen todos los humanos que con resentimientos tóxicos no pueden encontrar la paz. Los resentimientos solo agregan capas de amargura que más que ayudarnos a conocernos, nos alejan de la oportunidad de disfrutar el lado amable de nuestra esencia.

Pero antes de empezar a quitar esa maraña de ideas que nos han venido a nublar el panorama, tenemos que reconocer lo siguiente: Lo triste no es haber sido adoctrinado por padres amorosos con ideas que la ciencia y la razón han probado locas. Lo más triste es el propio pendejismo que nos lleva a adoptar ideas y actitudes que lejos de ayudarnos, ¡Pues nos joden!

Ciertamente la programación – somos como computadoras – que nos han dado arroja ciertos parámetros en la forma como vemos la vida, a las personas y las diversas circunstancias que afrontamos. La diferencia con una computadora es que, hasta ahora, estas necesitan ser programadas o cargadas con aplicaciones. No piensan por sí mismas (que sepamos). Nosotros, por otro lado, somos capaces de asimilar la programación que se nos da y hasta modificarla. También somos capaces de auto programarnos.

La ironía de la vida es que la mayoría de esa auto programación está acorde a toda la estupidez que ya tenemos forjada en nuestra manera de funcionar, por lo que a la hora de escoger información que habrá de enriquecer nuestra mente, pues simplemente escogemos de manera inconsciente lo que está en "armonía" con nuestras ideas impuestas, reforzando prejuicios e ideas arcaicas que deberíamos eliminar en primer lugar. Por ejemplo, es bien sabido que cuando se discute política, religión o cualquier tema polémico, la contraparte no escucha para aprender, o dilucidar el tema. Solo escucha para ir estructurando una respuesta que refute lo que está oyendo. De igual manera, leemos libros, vemos películas y alternamos con todo lo que refuerce esos conceptos adquiridos. Si hay un artículo que socave lo que aceptamos como verdades de vida, simplemente le damos vuelta a la página. Y esto es algo natural, pues como volveré a citar: "Es más fácil engañar a alguien que convencerlo de que ha sido engañado". Lógico, nadie quiere reconocer que ha estado pendejo toda la vida.

Así que defenderemos con uñas y dientes lo que nos ha sido impuesto. Es una forma de justificar nuestra vana existencia. No solo hemos crecido y desarrollado una forma de vida basada en falacias ideológicas, sino que las hemos enarbolado como la cima de nuestros logros y hasta hemos tratado de infundirlas en otras personas a través de nuestras pretensiones. ¡Imagínate! De repente todo lo que has creído y presumido es de pronto un pestilente montón de mierda. ¡Difícil de creer! – como el programa de TV -.

Así que no solo el adoctrinamiento es la corriente contra la que tenemos que nadar, sino que nuestra terquedad a mantener esas ideas son las piedras que nos amarramos y nos impide flotar. Lo ilustra muy claramente el dicho de Mark Twain arriba citado: "Es más fácil engañar a alguien, que convencerlo que ha sido engañado".

Por otro lado, no tenemos que rebelarnos furiosamente contra todo lo que se nos ha impuesto o "enseñado". Todos tenemos atisbos de gran sabiduría y el colectivo en el que hemos crecido también tiene grandes verdades. Un ejemplo de ello es la sabiduría de los viejos y los consejos de los dichos populares. ¿Quién puede refutar "Mas sabe el Diablo por viejo que por Diablo?"

La confusión nace de precisamente no entender que representa un tesoro como fundamento de nuestra formación y que es el lastre que nos impide volar. Si no desarrollamos el mecanismo que nos permita diferenciar lo anterior, siempre estará la duda de no saber si la persona que creemos ser sea en realidad la que somos. Tan enredosa es esta cuestión que ha tomado muchos siglos y muchos filósofos para simplemente quedar como en el principio: Sin respuestas concretas. Y afirmo lo anterior sobre la base de que los libros existen desde hace ya muchas generaciones y seguimos produciendo pendejos. Lo malo es que no son solo pendejos sino, además, amargados. Da risa el dicho que encontré por allí que reza: "Hay personas que, si les quitas lo pendejo, se quedan sin nada, y eso está cabrón".

Ya mencionamos el MIEDO, como adhesivo, pero ¿qué es lo que perpetúa el pendejismo? Respuesta sencilla: La ignorancia.

Algo de historia:

En los Estados Unidos fue práctica común la esclavitud a partir del año 1619 y hasta 1863 cuando fue abolida. Fue en este periodo obscuro en la historia de ese país que el trato a otros humanos fue con mucho aberrante. Personas arrancadas a la fuerza de su continente, confinados en barcos en hacinamiento para finalmente ser vendidos como ganado. Con la sola expectativa de que serían tratados de manera brutal.

Aunque estos secuestrados se rebelaban esporádicamente, su descendencia ofreció menos resistencias en los años subsecuentes. Era como si ya daban por hecho que el ser esclavos era parte de su propósito natural en la vida. Sus padres eran esclavos – incluso abuelos -, ellos nacieron esclavos y sus hijos seguramente sufrirían el mismo destino. ¿Porque perpetuaron en sí mismos y en sus hijos esta idea? Por su ignorancia. Y era precisamente esa ignorancia de la que dependían sus "dueños", pues al no tener un pensamiento crítico y lógica derivada de una mente educada, no había cuestionamientos al orden establecido. Por ello los esclavos que sabían leer no valían mucho, e incluso eran asesinados. Leyes fueron promulgadas en contra de la alfabetización de los esclavos. Multas y hasta cárcel a la gente "libre" que los enseñara a leer.

Nuestros padres, al ser esclavos ellos mismos de un sistema que los cosifica, nos estimulan a educarnos solo al grado que podamos funcionar en dicho sistema. Hay padres que de plano incluso boicotean los esfuerzos de sus hijos por educarse. Hubo un tiempo en que la creencia general era que un hijo no podría superar a sus padres, pues si alguien era cuidador de puercos, la ocupación natural del hijo y demás decendencia era: cuidar puercos.

El adoctrinamiento, miedo e ignorancia son la triada que ha venido a joder la existencia de todos los seres vivos pues la actividad humana ha venido a dar en su madre a todo ecosistema en el que ha puesto píe. Hemos sido convencidos sin mucho esfuerzo que el orden de cosas y sus ideas son el único modo de vivir la vida, siendo nosotros mismos los que perpetuamos esta maquinaria de joder gente.

Tanto así que todo esfuerzo que realizamos es en aras de trascender el ideario que venimos arrastrando, cada día. Es como si nos hubieran puesto en piloto automático y ya por simple inercia continuáramos como zombis yendo cuesta abajo hacia el desastre de convertirnos ahora nosotros en verdugos de la esencia de nuestros hijos – y eso si está cabrón -.

Capítulo II

DE CHILE, MOLE Y POZOLE

Dos cazadores están en el bosque cuando uno de ellos se desmaya y parece no estar respirando. El otro hombre toma su teléfono y llama al servicio de emergencias y dice jadeando al operador: "¡Mi amigo está muerto!, ¿Qué puedo hacer?" El operador con un tono de voz calmado y suave le responde: - "Tómelo con calma, puedo ayudar. Primero, vamos a asegurarnos que está muerto". Entonces se hace un silencio, se escucha un disparo. De regreso al teléfono, el cazador dice: -" Listo, y ¿ahora qué hago?"

El chiste que te acabo de contar es el chiste más gracioso del mundo. ¿no te lo parece? Deja te explico:

En el año 2001, el psicólogo Richard Wiseman puso en línea la página http://www.laughlab.co.uk, con la finalidad de encontrar el chiste más gracioso del mundo, recolectando historias y haciendo encuestas de cuál sería el mejor. Más de un millón y medio de personas votaron por el chiste de los cazadores. A mí en lo personal me gusta más el chiste que dice que un compadre le reclama a otro: - "Compadre, ¿anda usted diciendo que nos besamos? - "No compadre, ¡Como cree!" dijo uno y contestó el primero - "¡Entonces nos vieron compadrito!".

Estos chistes lo que demuestran es que hasta lo gracioso es subjetivo, es decir, que solo el que lo escucha determina por su reacción, si es realmente gracioso o no. Hay chistes tan malos que absolutamente nadie se ríe. Y algunos somos personas que no tenemos la cualidad de saberlos contar o de ponerle el sabor que ameritan.

La subjetividad es lo que nos ocupa.

El universo, el planeta y tu entorno tienen una realidad matemática absoluta. - La realidad es el conjunto de materia, espacio y fuerzas que influyen sobre ellos, desplazándose en la corriente de otra constante del universo: el tiempo. -. Existen de una manera demostrable y en el caso de los planetas y estrellas, sus movimientos son tan puntuales que incluso se pueden predecir con años de antelación con una exactitud sorprendente y los materiales que los componen están en su mayoría, identificados. La biología de igual manera se manifiesta de una manera constante y con el mismo grado de exactitud que el universo. Los patrones en la naturaleza son igualmente predecibles, y eso lo comprobamos tan solo en el caso de los sabores. La fresa sabe siempre a fresa, y la combinación de las fresas con crema saben igual sea que lo pruebes tú o sea alguien más. Obviamente, los sabores se intensifican y tienen una variación dependiendo de las fresas o la crema o las cantidades al combinarlas e incluso el sentido del gusto de quien las coma. Pero básicamente, las fresas con crema siempre sabrán a fresas con crema.

Desafortunadamente y contradiciendo las matemáticas, existe una realidad que nosotros construimos y que no es tan sencilla de describir o entender como la receta de las fresas con crema, pues resulta mucha más complicada que la realidad absoluta del universo. Esta realidad en la que nos toca vivir está hecha con materiales que solo existen en nuestra mente. Esta realidad es tan variada y diferente como sea el número de personas que la observe. Evidentemente la realidad física no está sujeta al observador, pues existe a pesar de no ser observada (Sin contar con la física cuántica, por favor), pero la realidad en la que nos tocó vivir sí está sujeta al observador y existe en tantas versiones como observadores existan. Dicho de manera sencilla: Cada cabeza es un mundo.

La complejidad de la realidad en la que creemos estar viviendo depende mucho de la complejidad de nuestra propia mente. Nuestro idioma, vocabulario, conceptos e ideas nos permiten construir la realidad en la que vivimos, pues entre mejor comprenda nuestra mente el entorno en el que nos desenvolvamos, mejor podremos asimilarlo y por lo tanto INTERPRETARLO y actuar en consecuencia. Un ejemplo: Las personas que vivieron hace diez mil años o más, no usaban ni entendían palabras como "Gravedad", "inercia", "apagador", "foco", "licuadora" y "plancha". Pensarás que eso es más que obvio pues ni siquiera se habían descubierto o inventado. Así que esas palabras o conceptos no eran incluidos en sus pensamientos o su habla diaria y que decir de construcciones mentales. Nosotros por nuestra parte, hemos crecido con un sinnúmero de palabras nuevas, por lo tanto, nuestra descripción mental de la realidad es con mucho muy diferente a la de nuestros antepasados de tan solo doscientos, no se diga diez mil años en el pasado.

Estas construcciones mentales que forman la realidad que percibimos, son las que determinan siempre nuestras propias conductas, ya que necesitamos proyectar nuestros pensamientos, nuestras palabras y acciones como evidencia de nuestra existencia para funcionar en nuestro entorno, y eso lo haremos sobre el lienzo de realidad que percibamos. Un ejemplo: Hay veces que nos podemos dar la libertad de hablar sin filtros, pues nos percibimos en un ambiente o lugar donde lo podemos hacer, pues hemos construido en nuestra mente el escenario para poder hacerlo. En otras ocasiones la realidad que observamos simplemente nos obliga a hablar y actuar de una manera diametralmente opuesta. La prueba de que nuestra percepción de la realidad no es exacta es que muchas veces nos equivocamos y hablamos sin filtro donde no debemos y los resultados de ello son desastrosos.

En una conversación con una de mis hijas, mencioné que una de las más grandes desgracias que le ha ocurrido a la humanidad fue la llegada de la religión. Todo era harmonía hasta que mencioné que los chamanes usaron sus conocimientos para subyugar y controlar la mente de los demás. Bueno pues resulta que ella los considera personas que han aportado al pensamiento más puro y espiritual. Nuevamente la percepción y el conocimiento que cada uno tenemos nos hace diferir, pues se puede tener dos conceptos diferentes de la misma persona. Como nota personal aclaro que me refiero a los chamanes que han existido desde los albores de la humanidad hasta la historia reciente y que pudieran ser llamados también brujos, hechiceros, magos, sacerdotes, pastores o como sea que se les llame a aquellos que con su misticismo han sacado provecho de la ignorancia de los demás. (Según Wikipedia la palabra se origina de un sustantivo en lenguas tungúsicas: shamán - el que sabe -, y este del verbo shahia – saber -).

Lo cierto es que cada uno de nosotros tiene un único y personal punto de vista de todo lo que le rodea, de sí mismo y de los demás y como es natural los desacuerdos son parte intrínseca de la convivencia humana. ¿Qué punto de vista es el mejor?, ¿Qué opinión es la más acertada? ¿Qué es la verdad? Lo cierto es que ningún punto de vista u opinión es absoluto en relación con la realidad matemática, pues eventualmente alguien más tendrá un argumento que supere la anterior "verdad". Nadie en momentos y todos en momentos tienen razón. En algún punto sentimos que la razón que creemos tener es válida, y eso está bien, pero solo para después reconocer que esa razón ha dejado paso a la razón de alguien más. Parece complicado de entender, pero piensa lo siguiente:

Hubo un tiempo en el que las personas creían que la tierra era el centro del universo y esa idea era en ese tiempo un "hecho científico". Cabe suponer que esa conclusión era solo lógica pues al observador terrestre le parecería que el Sol, la Luna y las estrellas giraban alrededor del planeta, aunado a las creencias de que todo lo que existía había sido creado para albergar al ser humano. Así pues, habría una "verdad" común que era ampliamente aceptada. ¿Qué podemos decir hoy al respecto? Ahora el que alguien creyera que la Tierra es el centro del universo sería totalmente contrario a la "verdad" científica que abraza la gran mayoría.

- Si me preguntan a mí, diría que el que el planeta gire alrededor del Sol o que sea este el que gira alrededor de la Tierra, que si la Luna y que si las galaxias, todo ello me vale madres, pues la ubicación de los cuerpos celestes y su movimiento no son los factores que determinan si voy a tragar o no, a menos que un asteroide vuelva a caer en la península de Yucatán y nos dé en la madre a todos. En tal caso, preferiría no saberlo hasta que nos llevara a todos la chingada. Con lo anterior te digo que el ignorar cosas y razones también es una opción y en la mayoría de los casos, una opción muy buena -.

Todos somos seres vivos y pensantes, aunque esto último lo hagamos en mayor o menor grado. Estamos los que pensamos poco y los hay que piensan mucho. Pudiéramos dividir a los pensantes en dos categorías: Los que piensan puras pendejadas: que si me pone el cuerno, que si me vio y no me habló, que si dijeron esto o lo otro de mí y mamadas como esas, y por otro los que piensan como entender la química, la física, el sistema decimal y cosas así para de esa manera procesar mejor la realidad matemática. Son los que adelantan las ciencias.

Yo me cuento entre los que piensan poco y no aportan nada, pero que sin embargo quiero que mis opiniones sean tomadas en cuenta – como todos – y se me reconozca mi derecho a disentir, aunque ya por pendejismo personal yo no le permita a lo demás estar en desacuerdo conmigo – como todos -. Y en ese deseo de ser visto, escuchado y reconocido es que expreso mis puntos de vista PERSONALES, sin el afán de colonizar a nadie, sino simplemente compartir algunas ideas observadas en esta realidad pendeja que he construido con los materiales disponibles. Dicho sea de paso, todo se construye con lo que se tenga a la mano, y en mi caso no encontré mucho, así que pues esto es lo que hay.

Una historia tal vez de la vida real: Una monja sube a un taxi y en el trayecto el taxista – hombre atractivo – no le quita la mirada a la monja a quien le dice:

- "Hermana, tengo una pregunta para usted, pero temo se ofenda"

- "Hijo mío, cuando eres mayor como yo y eres monja has escuchado de todo en la vida, no hay muchas cosas que puedan ofenderme" responde la monja.

- "Bueno... lo cierto es que siempre he tenido la fantasía de que una monja me besara", dice el taxista.

- "Veamos que podemos hacer al respecto. En primer lugar, debes estas soltero y en segundo, debes ser católico".

- "¡Sí soy soltero y católico!" exclama el taxista muy emocionado.

- "OK" dice la monja. "Valla a la izquierda del callejón".

Entonces la monja besa de manera apasionada al taxista dándole tremendo faje.

Pero cuando vuelven a la carretera el taxista comienza a reír.

- "Querido hijo, ¿Por qué ríes ahora?" pregunta la monja.
- "Hermana, perdóneme, pero le mentí. Estoy casado y soy judío", confiesa el taxista entre risas.

La monja le dice: "está bien, está bien... mi nombre es Miguel y voy a una fiesta de disfraces".

Con la anterior historia queda probado sin posible refutación científica que lo que percibimos como realidad, a veces no lo es, pero que mientras estamos "engañados" con esa realidad, vivimos conformes con ella y a veces la disfrutamos, como el taxista y Miguel.

Es importante recalcar que no podemos evitar vivir "engañados" por nosotros mismos, pues no tenemos poder sobre nuestra capacidad natural de procesar información. Así que una situación o lugar en particular serán percibidas de manera diferente por cada individuo. Básicamente unos somos más pendejos que otros y cuando esa pendejes es genética, pues no hay mucho que hacer. Es como querer volar sabiendo que no tenemos alas. Pero hay una gran diferencia entre ser pendejo de nacimiento a hacerse pendejo uno mismo. Así que, si nacemos con cierta limitación intelectual, pues las conclusiones que vamos sacando de la vida serán más imprecisas que las de otros, pero a veces serán más acertadas, si de repente resulta que los demás están más sonsos. La clave está en reconocer que la percepción de la vida que importa es la nuestra y que la de los demás nos debería de valer madre, especialmente cuanto tiene que ver en como debiéramos vivir nuestra vida.

Pero ¿Por qué digo esa barbaridad? Una explicación: Cuando la gente nacía en un ambiente sin las complicaciones urbanas, digamos que, en un pequeño grupo en los inicios de la humanidad, la realidad que observaban y construían era muy sencilla. Las necesidades percibidas eran pocas: comer, donde resguardarse de los elementos, sobrevivir al entorno, proteger su territorio y a su gente de otros grupos hostiles era lo que predominaba en el pensamiento de esa gente todo el tiempo. Si nos ponemos a pensar no habría tantos factores que procesar, por lo que las conclusiones generales de la realidad eran con mucho muy similares entre unos individuos y otros.

En la sociedad moderna no solo ha cambiado el entorno natural por el urbano o el rural moderno, sino que la humanidad ha acumulado mucho conocimiento en cuanto a la composición de las cosas, su orden y su manera de ser interpretada, dando paso a una infinidad de conceptos que para la mayoría son muy complejos. Basta ver cuantas palabras son añadidas a los vocabularios cada tanto tiempo. Esto provoca la confusión de ir construyendo realidades compuestas de más preguntas que respuestas.

Cierto es que, aunque tu "realidad" debe ser para ti la que importe, no puedes evitar que tu realidad se entreteja con la de los demás. Así como tu construyes la tuya con entes como Paco, Pedro y Francisco, como ladrillos que forman tu realidad, para Paco, Pedro y Francisco tu eres un ladrillo más para la suya. Aunque al final del día todos somos ladrillos de alguien, la diferencia estriba en la posición o hilada en la que ponemos a cada persona y en la que esas personas nos ponen a nosotros. Las relaciones personales se van a la chingada cuando tú pones a Pedro en una hilada superior, pero te das cuenta de que Pedro te puso en la base de la pared, y al reclamo de esa falta de reciprocidad, pues el conflicto y adiós amistad. Es allí, cuando te digo que tu percepción de la realidad es más importante, pues no importa donde te pongan los demás en su "realidad", sino el valor que te des tú mismo sin darle importancia como te valoran los demás. El problema con tu "realidad" y la de los demás está en el hecho que hemos estado construyéndola con materiales que en la mayoría de las ocasiones ni siquiera existen y que han sido provistos por entes a quienes conviene que tu "realidad" sea funcional para beneficio exclusivo de ellos. El truco es hacerte creer que lo que estas viviendo es una construcción mental fabricada solo por ti y para ti.

Este desmadre de realidades tiene una explicación y mil más.

En la medida que las sociedades han ido evolucionando de simples grupos, tribus o clanes familiares a las grandes urbes modernas, a los humanos se nos ha hecho más difícil entenderlas y comprender nuestro lugar en ellas, ocasionando una confusión en la que muchos viven, al no poder explicar el pendejismo social que les rodea. Tenemos que partir del hecho de que el ser humano vive por un periodo demasiado corto, y las sociedades persisten por cientos o miles de años, haciendo prácticamente imposible el que tú, en tus pinches cincuenta años, puedas asimilar completamente la información que ha tomado miles de años en acumularse. De ahí que los "programas" de "educación" te den dosis necesarias solo para que "funciones" y no la hagas mucho de pedo por como las cosas están de la chingada.

Nuestra limitación de entender lo que nos rodea por nosotros mismos, fue una ventaja para individuos que con un poder de observación superior al de la mayoría, propusieron explicaciones a lo que otros no podían comprender, fue así como surgieron los brujos, hechiceros, magos, astrólogos o como yo los llamo, chamanes. Estos individuos empezaron a dar explicación a preguntas como, ¿de dónde viene el trueno? ¿por qué llueve? ¿por qué morimos? Y otras preguntas relacionadas con el existencialismo. Claro está que ahora nos reímos de las explicaciones que ellos daban en ese tiempo, pero para los antepasados eso era el conocimiento avanzado de los dioses. Estos "pensadores" fueron los que posteriormente y en la medida que crecían las sociedades, daban legitimidad a la manera como se gobernaba, y a la manera como debían de funcionar esas nuevas sociedades.

De ahí que nacieran conceptos e interpretaciones de la realidad subjetiva que nada tenían que ver con la realidad matemática. Las personas empezaron a vivir su vida de acuerdo con las interpretaciones pendejas que otros les imponían, construyendo realidades en su mente con conceptos llenos de superstición y fantasía. Hombres y mujeres que antes eran libres como el resto de las especies, ahora se encontraban encadenados a sociedades que los ataban con los miedos a lo sobrenatural, al terror de señores de la guerra que se legitimaban a sí mismos como amos sobre los más débiles, con la aprobación de las nacientes religiones organizadas. Así fue como sociedades enteras pudieron ser controladas al punto que, hoy en día, millones de personas continuamos esforzándonos para que el sistema actual funcione.

El conocimiento científico fue haciéndose más y más abundante, a pesar de los esfuerzos de la religión por impedirlo, de modo que ese conocimiento le dio en su madre a muchas de las creencias inverosímiles que predominaban. Algunas personas se fueron deshaciendo de muchas ideas equivocadas, y fueron reconstruyendo su realidad con los ajustes de nuevos aprendizajes. Hubo otras que prefirieron aferrarse al conjunto de creencias y hasta las defendieron al punto de quemar en hogueras a "los herejes". Pero el conocimiento científico prevaleció y nos demostró, que más que de un alma, nos componemos de células y electricidad. Y que dijiste: "¡La humanidad por fin libre!" Pues no, porqué no solo la religión te quiere idiota, también los poderosos. Piensa lo siguiente:

Las empresas o negocios llegan a existir sobre la base de una idea, producto o servicio. El éxito dependerá de dos factores principalmente: Que lo que se ofrece sea necesario – que haya quien lo compre – y que pueda ser producido de manera constante y efectiva. Para que lo segundo suceda se necesita contar con trabajadores competentes, hábiles y que tengan cada uno de ellos un conocimiento pleno de cierto proceso. De esa manera el producto o servicio se desarrollará y venderá generando utilidades a sus dueños y un sueldo limitado a los trabajadores.

Para que cada empleado pueda desarrollar su trabajo de manera eficiente, se le debe capacitar o "educar" en las funciones que tendrá en determinado proceso, pero solamente eso. El dueño de la empresa se asegurará siempre de que sus trabajadores estén contentos con la función que se les ha asignado con un espejismo de cierto "crecimiento" en el circulo productivo designado, pero no permitirá de ninguna manera que se desarrollen al punto que ellos mismos puedan ser un competidor potencial en el futuro. Un empresario estaría muy pendejo si permite que su empresa se convierta en escuela de futuros empresarios. Su competitividad sería nula y la inversión y esfuerzo puestos en su negocio se irían a la basura. Tampoco les pagará un sueldo que les permita estar pensando en la mamada esa de ser "económicamente independientes". Los mantendrá viviendo al día.

Ahora imagina el entero sistema de cosas, donde grandes intereses creados te han puesto en una posición "productiva" en la que colaboras para que todo siga funcionando. Hay individuos, grupos, familias, linajes y monarquías que han prevalecido en el poder por cientos de años con diferentes rostros y formas. Ellos por supuesto no quieren que su "empresa" pierda terreno o dominancia sobre las sociedades que han gobernado por siglos, así que el conocimiento científico puede ser desarrollado para beneficio de sus proyectos, pero no compartido al grado que el resto de nosotros tengamos mejores materiales para construir nuestra realidad, entendamos nuestras verdaderas libertades y los mandemos a chingar a su madre, volviendo a un estado más en sintonía con nuestra esencia y la naturaleza, de donde nos arrancaron.

Por eso mismo han refinado su manera de apendejarnos y han ido introduciendo materiales falsos para que nosotros los tomemos y con ellos construyamos una realidad que nos mantenga atornillados en el engranaje en el que nos han colocado. Lo importante es que vivamos nuestra vida en una cárcel virtual donde nuestro interés sea "progresar" cuando en realidad vivimos esclavos de un sistema que nos cosifica y nos toma como ladrillos para la construcción de grandes castillos que nunca disfrutaremos. ¿Cómo logran eso? Tres conceptos clave: La ilusión de Libertad, Bienestar y Conocimiento.

Libertad: Del latín: libertas – En sentido amplio es la capacidad de actuar por voluntad propia.

¿Alguna vez has visto un caballo atado? Yo en lo personal vi un percherón atado de su rienda a una simple silla de plástico. Obvio que la escena era inverosímil, pues semejante animal quieto allí, creyendo que no podría irse cuando en realidad pudiera hacerlo fácilmente. ¿Crees que eres libre? Bueno, puedes elegir entre que sabor de helado que comerás y que ropa ponerte en domingo. Hasta cierto grado escoger con quien casarte, donde vivirás y cuantos hijos tendrás y otras cosas como esas, pero ¿Eres de verdad libre?

Bienestar: Grado de calidad de vida aceptable como optimo.

Tu trabajo o actividad económica te da un sentido de seguridad y tu única referencia en cuanto a que tanta calidad de vida tienes, es comparar tu comunidad con otra, tu automóvil con el del vecino y tu estilo de vida con el de los más jodidos.

Conocimiento: Es la familiaridad, la conciencia o la comprensión de alguien o de algo, como pueden ser los hechos, las habilidades o los objetos.

La sensación de que conoces tu entorno y tienes una comprensión de la realidad y que esa comprensión te hace tener una ventaja competitiva sobre los demás, haciéndote especial y por tanto predestinado a tener una vida más significativa y plena. Bueno si crees que los niños héroes de castillo de Chapultepec eran niños, y que el cura Hidalgo, prócer de la independencia de México era calvo, te das una idea de que ese tesoro que llamas conocimiento es solo información condicionada a moldear tu mente y adoctrinar tu esencia.

Hemos ido por la vida con la gran posibilidad de haber sido timados y que la realidad que vivimos no sea sino un montaje de edificios y cosas como un escenario de película de vaqueros. Esa posibilidad a muchos nos hiere y nos mata. No es fácil reconocer que has estado pendejo toda la vida y que tu manera de vivirla ha sido una mala interpretación del rol que te asignaron. De repente te sientes el actor chido en churro mexicano - película de bajo presupuesto y mala calidad artística -.

Nuestra vida puede ser interpretada de muchas maneras, por qué somos muchas personas a la vez y no hablo de esquizofrenia, hablo de los roles que nosotros u otros nos imponen. Roles que a veces no tenemos más remedio que aceptar, ya sea porque son naturales e inevitables – como la paternidad – o roles que es necesario vivir a fin de funcionar – nuestro empleo -. Cuando desempeñamos esos roles nos convertimos en personas diferentes. Por ello nuestra manera de comunicar y actuar es diferente cuando estamos "jugando" al papá, a la mamá, a la hija o hijo, al maestro, al empleado, al patrón, al cliente y al vendedor. Nuestro "desdoblamiento" depende de cómo hemos construido cada rol y nuestra idea de cómo interpretarlo, de allí que seamos padres de mierda o buenos hijos, excelentes empleados o magníficos vendedores. Y es allí precisamente que tenemos el problema a la hora de interpretar ese rol, en que, si no lo hemos COMPRENDIDO sobre una base de realidad matemática, entonces lo desarrollaremos bajo nuestra "realidad" construida, provocando con ello un desmadre digno de una novela de Homero.

Somos muchos los que vamos caminando por la vida sin siquiera saber que rol estamos interpretando y si logramos tener una idea de qué somos en cierto momento, no sabemos cómo ejecutarlo, de allí que padres quieran ser amigos de sus hijos, madres tomen a hijas como confidentes, maestros se sientan padres y alumnos amantes. Se arma todo un desmadre como si la única meta de nuestra vida hubiera sido hacer de nuestra pendeja existencia chile, mole y pozole.

Capítulo III

NALGAS POR COMIDA

Hay un dicho en inglés que reza: "Gas, grass or ass. Nobody rides for free" que someramente significa: "Gasolina, mota o culo. Nadie viaja gratis" – Leído en una calcamonía en camión de carga gabacho -.

Es la premisa en la falsa construcción de la vida: todo tiene un precio y no podemos esperar que las cosas que necesitamos o deseamos vengan gratis. Ni siquiera el amor de nuestros padres, hermanos o amigos viene sin costo.

El intercambio de diferentes tipos de moneda por cosas – a veces por personas – tiene que ver con el tamaño del deseo por adquirirlas y lo que estamos dispuestos a pagar por ellas, el valor que les damos. De allí que lo que para algunas personas es caro, para otras es barato o simplemente no vale nada.

Y esta asignación de valor no nace puramente de nosotros. Es la sociedad la que va dictando los precios de las cosas y las personas de acuerdo con los deseos de los individuos – la oferta y la demanda -. Nuestros padres en su ir y venir nos muestran sin saberlo, que la adquisición de bienes es más importante que el tiempo que pasan disfrutándose a sí mismos y a los que aman. Sobra decir que la mayoría de los adultos se sobreexplotan a sí mismos, con tal de generar los ingresos que les permitan adquirir las cosas que desean – Aun cuando no sean del todo necesarias -.

Lo anterior deja un impacto en nuestro inconsciente cuando niños. Como complemento a este programa, está el bombardeo mediático con productos que la verdad solo son un montón de basura, pero de alguna manera logran convencernos de que es importante tenerlos. Nuestras necesidades elementales son suplidas por cosas que solo adornan el exterior, pero que dejan desnudo nuestro interior. Un niño lleno de objetos por lo regular crece sin el alimento afectivo que potencia su esencia.

Tanto la conducta de los adultos, como el entorno en el que crecemos, nos convence inconscientemente que la búsqueda de posesiones materiales y la persistencia a pertenecer a grupos de "mejor" nivel social, son las cosas que habrán siempre de ser buscadas y esto ha de definir en quien nos convertiremos cuando seamos adultos. Todo nuestro crecer se vuelve un constante entrenamiento para adquirir las herramientas que nos permitan lograrlo. Estas herramientas no están pensadas en ayudarnos a ser personas más plenas, sino simples engranes que encajen en el gran esquema de producir dinero, y no para nosotros, sino para otros.

Los gobiernos están interesados en que sus ciudadanos se eduquen y se entrenen teniendo como mira su desempeño productivo en la sociedad. Un niño representa para ellos un potencial contribuyente. Por lo anterior, sus programas educativos están orientados a que las personas simplemente sean parte de un engranaje económico. Obviamente no se interesa en el desarrollo de su esencia, por lo que programas educativos de crecimiento espiritual – no religión - no se han conocido en los sistemas educativos impartidos en escuelas públicas como parte de sus programas – Al menos en nuestros tiempos.

Estamos en plena indefensión de nuestra esencia. Es solo obvio que en los primeros años de nuestra vida no entendemos las complicaciones de la economía, pero a medida que crecemos, vamos percibiendo cómo funciona él toma y daca, el vender y comprar, y por supuesto hasta como hacer trueque con los sentimientos. Por ello también entendemos que la dualidad de ser comprador y vendedor nos acompañará todos los días de nuestra vida.

Todos participamos en la dualidad comercial, solo depende de la situación y si de momento necesitamos vender o nos urge comprar. Son las necesidades las que determinan que deseo queremos satisfacer o en su momento que cosas o sentimientos queremos colocar en los demás.

Necesidades siempre existirán, tanto las naturales como las que nuestra mente cree tener. Tenemos que reconocer que son esas necesidades las que crean un mercado en el que hay siempre dos participantes: Por un lado, está el que comercia con ellas. Esa persona hará todo lo posible por convencernos que existen esas necesidades. Es más, no le importará si realmente las tenemos, con que nosotros creamos que sí, es suficiente para él. Esta persona busca de nosotros una utilidad tangible que puede a su vez utilizar para él mismo suplir las necesidades que él cree tener.

Por otro lado, está aquel que tiene a la venta cosas mucho más intangibles que la mercancía del anterior. Son cosas que, al vender, le harán obtener algo que solo puede guardar para sí. De lo cual no puede obtener utilidad y con lo cual se quedará para siempre – metafóricamente, al menos -.

Lo que en general he tratado de explicar en los últimos párrafos es que el DESEO, de ser un mecanismo natural, ha pasado a ser una fuerza determinante en nuestra manera de funcionar. Que somos nosotros los que hemos sido victimados ideológicamente al sufrir esa distorsión de la realidad. Esta distorsión nos hace ESCLAVOS del deseo, cuando simplemente debiéramos servirnos de él como impulso para la vida.

Es tiempo de reconocer lo apendejados que estamos pues hemos pasado de desear una manzana para alimento, a hacer lo imposible para obtener otro tipo de manzana con el fin de vernos hermosos haciendo una llamada telefónica.

Básicamente, ya no deseamos solo las cosas tangibles que son mucho más fáciles de obtener, ahora deseamos vehementemente conceptos producto de la construcción social y que en realidad son espejismos de nuestra mente.

Tenemos que diferenciar las cosas tangibles y seres específicos de los conceptos abstractos.

Ejemplo: Scarlett Johansson. Este nombre puede ser presentado en nuestra mente de dos maneras:

a) Ser tangible, La mujer que como otros tantos millones de mujeres vive su vida atendiendo sus más básicas necesidades y que tiene una capacidad genérica de amar y ser amada. Nada especial, pues millones de mujeres son muy hermosas y como tales, hay que tolerarles y a veces aguantarlas cada que la hacen de pedo – viceversa también -. Por otro lado, está:

b) El concepto implantado por el sistema, para venderte productos o servicios: Hembra con apariencia ideal, de características vibrantes, inteligencia aguda, sensualidad desbordante, voz seductora, cabellera dorada de cascadas ondulantes, ojos amorosos y mirada sensual que invitan a los más tórridos romances, piel de seda donde resbalar ósculos al por mayor. En fin, alguien de quien arrancamos las más salvajes masturbaciones mentales, y ¿por qué no? Alguien con quien compartiríamos nuestra vida.

Evidentemente por la mujer no estaríamos dispuestos a pagar mucho, pues hay muchas como ella. Pero por el concepto, simplemente daríamos – al menos yo – todo lo que somos y todo lo que tenemos – ¡Mamacita!.

La diferencia en el precio es abismal y obviamente tiene que ver en el valor que uno le da a las cosas y el tipo de moneda que uno está dispuesto a pagar por ellas.

No nos olvidemos que la palabra clave es: DESEO. El dinero es algo tangible y paga por cosas tangibles y en ocasiones por cosas intangibles. Otra moneda que se puede utilizar es: El tiempo

Y una más: La Salud

El punto expuesto es que TODO tiene un precio y que ese precio depende del valor que cada uno le dé a lo que desea adquirir mediante comprar o vender.

Ese deseo puede ser un impulso natural que va desde el hambre en esa hora del día, hasta las necesidades creadas por nuestras aberraciones mentales producto de las distorsiones de la realidad. Lo que nos ocupa ahora es precisamente el deseo en sí.

El deseo como tal es natural. De manera sencilla pudiéramos exponer que sin deseo no sería posible la continuidad de la vida. Según la RAE, deseo es: "Movimiento afectivo hacia algo que se apetece". Nota que hay una acción, el ir justamente hacia lo que nos llama la atención, lo que deseamos. ¿Que impulsa la acción? mejor dicho aún ¿cómo definimos la energía envuelta en el deseo? Para no confundirnos, lo expondré así: El deseo es el punto de partida, lo que deseamos la meta. ¿Cuál es el transporte que nos permite acortar distancias entre estos dos? Le llamaremos "Amor".

Si buscamos la definición lingüística del amor, encontraremos muchas, especialmente según la RAE. La definición filosófica es aún más extensa y es que al ser un concepto, la percepción de tal es tan diversa que es cuasi subjetiva. Es un pinche laberinto que el solo intento de cruzarlo nos pierde.

Dicho esto, tenemos que establecer que el amor del que hablamos no es el sentimiento cursi motivo de novelas Shakesperianas como Romeo y Julieta – mera saturación hormonal -. Hablamos de la energía envuelta en las motivaciones más básicas de los seres vivos.

Para desmenuzar adecuadamente lo anterior, tendremos que remitirnos a un hecho fundamental: El amor es la fuerza evolutiva más poderosa del universo – del nuestro, del pequeño entorno donde existimos -. Y es que este mecanismo tiene muchos rostros y objetivos.

Los griegos en su gran capacidad de crear palabras clasificaron esta fuerza de muchas maneras, como lo percibían, tratando de encontrar sentido a esa amalgama emocional motivada por reacciones hormonales. Ellos no conocían las profundidades del código genético. Ellos de hecho no definieron que es el amor. Simplemente les dieron nombre a las diferentes manifestaciones del apego, físico o emocional. En su clasificación de las diversas manifestaciones del amor, no incluyeron otros tipos, pues aún no los conocían a nivel biológico.

Ahora entendemos gracias a la ciencia que esta definición es más biológica, que filosófica.

De ahí es que es la fuerza más poderosa, pues no hay aspecto en la vida que no sea afectado directamente por ese "mecanismo". Algunas veces de manera positiva, al asegurar la continuidad de las especies. Es en el caso de la humanidad a veces de manera negativa, al ser tergiversada por nuestras pretensiones pendejas.

El amor es un impulso biológico que nace de la más elemental inteligencia – No es propia solo de los humanos – Una fuerza necesaria para la misma subsistencia, ya que es la manifestación del instinto de supervivencia de las especies en general. No pudiéramos decir que un tardígrado siente amor si su manifestación la limitamos a abrazos, besos y muchos "te quiero" que los humanos sí somos capaces de hacer. Este amor es un impulso que nace a nivel genético y que motiva a los seres vivos a proteger a su progenie con el obvio deseo de perpetuar su especie. Note que cuando hablamos de inteligencia no nos referimos a esa que definen los psicólogos como la facultad de entender, razonar, saber, aprender y de resolver problemas. Nos referimos a una inteligencia superior que se manifiesta hasta en las plantas. ¡Ay güey! Dirás. Pero sí, las plantas son muy inteligentes a nivel genético. Lo explico: Todo ser vivo tiene como premisa el perpetuar su especie y ante cada adversidad desarrolla los mecanismos necesarios para cumplirla. La planta de sol que nace por casualidad a la sombra de otras busca sin pensar – No piensan, que sepamos – la luz que le permitirá crecer. Esas instrucciones de qué hacer están no en un cerebro, sino en sus genes.

En los mamíferos se complementan las instrucciones genéticas con los instintos, que no son sino patrones conductuales que funcionan como subrutinas en segundo plano. También ciclos hormonales que esparcen como reloj feromonas que motivan a la contraparte al apareamiento. De un modo u otro, el producto final es el amor mismo que da aseguramiento a la continuidad de la especie. Es como si los genes en determinado momento quisieron complementar la necesidad de continuidad con el premio de realizar este propósito. De ahí que vemos a muchos mamíferos disfrutar del "rin-rin".

Es necesario aclarar que hay la diferencia en la observación entre este amor entrelazado en los genes y el impulso que nace de manera suprarrenal siendo esté ultimo producto de una evolución en la que los genes han "determinado" una manera más compleja de motivar la reproducción y premiarla al mismo tiempo. El primero es de por sí un elemento intrínseco en nuestra biología y no hace distingos basado en la clasificación visual propia o de los demás. Por eso las madres aman a sus hijos sin importar lo culeros que estén. Está amarlos en sus genes y no hay nada que ellas puedan hacer al respecto – Hay hembras en todas las especies que son la excepción a la regla, pues o los tiran o se los tragan -.

La otra manera de generar amor es la que tiene que ver con la carga química. "De la vista nace el amor" reza un dicho. Cuando una hembra o un macho – dependiendo de la especie – ve a su contraparte, es en base a las características físicas de este que responde segregando químicos hormonales que le incitan al apareamiento, pues para él o ella es un ejemplar para mejorar la especie. Aves, con su plumaje, canto o baile. Nosotros los humanos respondemos también al estimulo visual por lo que se sentimos "mariposas" en el vientre cuando somos impactados al ver a quien nos parece muy atractivo, deseando con toda el alma el aparearnos.

La evolución de ello es que ahora no solo lo hacemos por reproducimos, sino también por divertirnos – esa parte me encanta –.

Parece complicado, lo es. Pero a nadie cuesta entender que gracias a esos mecanismos las especies siguen perpetuándose y mejorando en cada cuanta generación.

A medida que los seres humanos fueron dejando atrás sus conductas instintivas, dando paso a conductas más "razonadas", fueron haciendo más compleja su manera de amar pues empezaron a darle valor a cosas que antes ni siquiera tomaban en cuenta y del mismo modo fueron "torciendo" ese impulso de amar.

Ilustrándolo pudiéramos decir que antes de que nos hiciéramos "inteligentes", Solo había dos estaciones en el recorrido – tal como vemos hoy en otros mamíferos -: Desear y Copular.

Cuando nos "civilizamos" creamos más estaciones: Deseo, Estudio, Trabajo, Carro, Casa, Dinero, Poder, Copular, Lo anterior en la línea de reproducción, pero jugando canasta revuelta con las estaciones según se acomoden las circunstancias. Claro está que todos copulamos entre estaciones, pero el problema radica que cada parada representa un amor entregado, haciendo rodeos innecesariamente. Es allí donde radica el problema. Deseamos cosas que ni siquiera son necesarias según la biología y que al final de nuestra vida reconocemos como una total perdida de energía y tiempo.

Y es que la "inteligencia" da lugar a la interpretación variada de la vida. Un ejemplo claro es como va cambiando nuestra manera de ver el mundo a medida que crecemos. Cuando niños todo era más sencillo y los sabores se limitaban a si algo era agradable a nuestro paladar o no. A medida que crecimos, nuestra "comprensión" del mundo se hacía más profunda a causa del conocimiento adquirido y por lo tanto nuestros gustos se fueron haciendo más selectivos, clasificando sabores, combinándolos, y después hasta creando nuevos. Del mismo modo, la humanidad ha ido "creciendo". La acumulación de pequeños fragmentos de conocimiento dado por descubrimientos esporádicos de generación en generación ha dado paso a herramientas de trabajo, y de pensamiento. Sin embargo, esta constante lejos de ayudarnos, solo nos condujo a encajonar nuestra esencia colectiva y dictarnos patrones de vida acorde a lo que nuestra generación dictaba.

Grandes grupos de cazadores y recolectores vieron una ventaja en el sedentarismo a través de la agricultura, creando de la nada economías y cadenas de suministro. Nos hicieron creer que la mejor innovación fue la invención del dinero.

Y allí precisamente fue que el amor se fue al caño, pues lo distorsionamos para que acomodara nuestras nuevas pretensiones pendejas. Las personas no nacen amando el dinero, ni nacen con la necesidad de acumular cosas. Es el adoctrinamiento social el que enferma nuestra naturaleza con la estúpida idea de que nuestro valor como personas depende de las posesiones acumuladas. "Dime cuanto tienes y te diré cuánto vales".

Las personas hemos perdido de vista las cosas que realmente valen la pena amar. Es por eso por lo que hemos transformado el trabajo de ser una actividad económica necesaria para la vida, en la razón misma por la cual vivir y al dinero de ser una herramienta transaccional, a la principal motivación de nuestra vida. Pasamos la mayor parte de nuestra existencia orbitando alrededor de ellos.

El caso es que no podemos escapar al hecho de que hemos nacido en un tiempo y lugar donde el dinero es el objetivo preponderante a toda actividad humana. Y es que no conocemos ninguna otra manera de medir el valor de las cosas que nos rodean. Es tan universal que incluso el aprecio ha llegado a ser medido con monedas. No lo podemos evitar.

Es el caso que el dinero es ya de facto, un mal necesario.

Sin embargo, al ser un instrumento de valoración universal, es simplemente eso: Una herramienta que pudiera ser usada sabiamente o de manera tonta. Como el martillo, que con golpes al clavo construye, pero con golpes al cristal, destruye.

Pareciera que el dinero, al igual que el poder, tuvieran conciencia propia y que con astuta inteligencia nos sedujeran convenciéndonos de rendir nuestra voluntad a sus caprichos. Tiene una explicación…

Cuando nacemos, nacemos completos. Listos para ir por la vida viviéndola y disfrutándola. Enfrentando retos y obstáculos con inteligencia instintiva. Creciendo y cumpliendo nuestro propósito natural de reproducirnos y finalmente morir. – No soy antropólogo, pero mi conclusión nace al observar grupos de individuos aislados de la "civilización" en nuestro tiempo, que, sin tanta complicación, simplemente nacen, crecen, se reproducen y mueren. Todo esto sin siquiera conocer el concepto del dinero, la agricultura o la ganadería -.

Pero resulta que como expliqué en el capítulo anterior, nos jodieron. De ser queso panela al nacer, nos transformaron en queso gruyere – de ese que tiene muchos hoyos -. Y es que, en cada idea pendeja, cada concepto estúpido, cada grito injustificado, nuestro ser fue siendo socavado al grado que cada agresión era como disparo de escopeta. Nos fueron dando mordiscos en el alma. Fuimos poco a poco quedando como coladera.

Estos "hoyos" emocionales son los que acompañan cada relación, cada aspecto de nuestra vida. Vamos incompletos tratando de hacer las cosas como seres plenos, pero en realidad vamos haciendo un cagadero por donde quiera que vallamos. Pregúntale a tu corazón el por qué tantos desengaños, tantas relaciones fallidas, tanta gente dañada en el camino, y el por qué, como dijo José

Alfredo Jiménez: Siempre caes en los mismos errores.

Es como si tratáramos hacer una columna de soporte con el resultado de un juego de Jenga tal cual queda en un movimiento antes de que colapse. Esa columna no garantizará mucho. Así vamos muchos por la vida, tratando de apuntalar nuestras relaciones y creyendo que de alguna manera estamos alcanzando las metas que tenemos. Algunos les llaman a estos hoyos "inmadurez emocional" y creen que simplemente con el tiempo las personas con la experiencia van templando su manera de sentir, de expresar sentimientos e interactuar afectivamente con los demás, cicatrizando los huecos con parches temporales que al caer nos muestran que seguimos siendo los idiotas de siempre.

De ahí que se diga que, si logramos alcanzarla, hará posible nuestra interacción plena con otros y la realización de nuestro ser. El pero a esta supuesta "madurez emocional" es simplemente que la crecemos a partir de deficiencias conceptuales. Por ejemplo: Nos enseñaron que amar a un compañero de vida solo es posible si nuestra contraparte es del sexo opuesto – hembra o macho -, también nos enseñaron que los hombres no lloran. Sin mencionar que se nos dijo que las mujeres son el sexo "débil" y otras muchas mamadas tan variadas como culturas ha habido en el mundo. ¿Como chingados alcanzas la madurez emocional si te condicionan con semejantes pendejadas?

Si no somos capaces de entender nuestras emociones, jamás podremos tomar decisiones acertadas, ni mucho menos amar plenamente, o mejor dicho escoger que y a quien amar plenamente. Incluso hay por ahí un dicho – No logré encontrar al autor, algunos dicen que fue Bob Marley - que dice: "No prometas cuando estás feliz, no respondas cuando estás enojado, no decidas cuando estés triste", esto define claramente como las emociones son la columna vertebral de nuestras elecciones.

Es nuestra esencia la que nos grita con voz en cuello que algo no está bien, que algo nos hace falta, por lo que inconscientemente buscamos con furia llenar esos huecos con aquello que el adoctrinamiento nos ha dicho es importante: Dinero y Poder – agrego poder, porque van de la mano, uno consecuencia del otro y sin el cual ni uno ni otro pudieran existir -.

Si nuestra esencia de alguna manera saca la cabecita como quien se está ahogando, entonces nuestra búsqueda del dinero será más o menos por medios "honorables". Pero si esa esencia nuestra está muy ahogada en capas, pues no habrá límites en lo que hagamos por conseguirlo.

Vivimos en un tiempo en el que el uno por ciento de la población mundial posee el cuarenta y cinco por ciento de la riqueza mundial y hay tres mil millones de personas que viven por debajo del nivel de pobreza – Según Credit Suisse en el 2020 –

Ciertamente el dinero no se puede evitar si nuestras cualidades, talentos o trabajo excepcional lo producen. Dicho de otra manera: El dinero debe ser la consecuencia natural de un trabajo bien hecho.

Sin embargo, el que individuos y corporaciones acumulen tanta riqueza a costa de la pobreza de otros es en sí algo muy jodido.

Los recursos que generan riqueza siempre han estado allí, y es la avaricia lo que ha hecho que unos cuantos exploten esos recursos a costa de empobrecer naciones enteras.

En el esquema evolutivo, es natural el que el depredador prive de la vida a la presa, pues es su supervivencia la que está en juego. La avaricia hace que unos pocos tomen mucho más de lo que necesitan sin importar que al jalar la cobija, pues descobijen.

Eso muestra lo estúpidos que podemos llegar a ser por amor al dinero. De hecho, puse entre comillas la palabra "honorable" porque en la generación de riquezas fabulosas jamás ha habido nada honorable. La única manera de producir grandes utilidades es mediante el abuso en la explotación de los recursos y la esclavitud del semejante. (ahora se llama trabajo).

Si tu trabajas de manera sostenible con la naturaleza y tratas de manera justa a tus colaboradores es muy probable que vivas muy bien, pero estarás siempre lejos de amasar fortunas desorbitantes.

¿Qué tan jodidos podemos estar, que nos valga madres todo con tal de acumular dinero?

Otro hueco:

Nuestros miedos existenciales provocan esa necesidad de justificar nuestra propia manera de vivir y de ser. Por ello hemos construido el concepto del éxito, que como tal le dice al mundo que nuestra vida no es del todo inútil, que no somos una pérdida a la inversión de nuestros padres y a la esperanza que la sociedad ha puesto en nosotros. Tenemos dinero, tenemos poder. Entonces somos seres que han cumplido con las expectativas y las han sobrepasado, pues hemos rebasado con creces a nuestros pares. ¡Puras mamadas!

No es el objetivo odiar el dinero. Lo que tenemos que evitar es el ponerle en el pedestal que no le corresponde y por ende no darle la prioridad que no merece.

Tal vez es tiempo de reconocer que las posesiones no son del todo importantes, siendo tan poco lo que realmente necesitamos. "No es rico el hombre que más tiene, sino el que menos necesita"

No he vivido mucho y tampoco he viajado suficiente, pero puedo decir con certeza, que en ningún lugar que he estado he sabido de un sepelio donde seguido del féretro, vallan camiones de mudanza tras del difunto.

Nuestro anhelo de llenar el hueco siempre será del tamaño del vacío que nos acompaña, por ello es por lo que esa búsqueda loca se equipara a las dimensiones de lo perdido.

El deseo debe de ser reconocido como uno de los grandes logros de la evolución, pues imprime el apetito necesario para buscar obtener y a su vez disfrutar lo que deseamos – Comer tacos con hambre es el mejor ejemplo -.

Sin embargo, es el deseo desmedido el que nos hace temerarios pues en la búsqueda de su realización, pagamos precios que después entendemos caros.

Reconocemos nuestra necesidad fundamental de sobrevivir en un mundo gobernado por el dinero, pero nos hemos dejado convencer de que su obtención es más importante que los medios para obtenerlo. Estamos tan enajenados en la rutina que se nos ha impuesto para idiotizarnos que se nos ha olvidado todo el talento que tenemos para desarrollar herramientas que nos permitan potenciarlo y hacer de nuestra actividad económica nuestro más grande placer.

Confucio dijo: "Elige un trabajo que te guste y no tendrás que trabajar ni un día en tu vida". El problema radica en que la gran mayoría desea los frutos de su trabajo en tan corto plazo, que simplemente buscan el trabajo que mejor pague, para cumplir sus metas de acumulación de bienes, olvidando por completo quienes son – nunca lo descubrieron – y haciendo finalmente lo que no les gusta con el consuelo de su sueldo.

Eso es en realidad prostituirse.

Eso es en realidad dar las nalgas no por comida, sino darlas por dinero. Eso también está muy jodido.

Capítulo IV

NO SEAS JOTO Y DAME UN BESO

Un hombre le dice a otro: "compadre, no seas joto y dame un beso". Ese es un chiste que en sí mismo es una contradicción, ya que cuando se expresa se da por sentado que es un heterosexual el que pide el beso a su contraparte. Para motivarlo le dice que no sea precisamente lo que necesitaría ser para darlo: "Joto" – termino cuasi despectivo al varón homosexual -.

Evidentemente encontramos gracia en las contradicciones y situaciones en los chistes – historietas – que escuchamos y es por supuesto sinónimo de buen humor reír a causa de estos. Sin embargo, cuando esas contradicciones están presentes en la manera cómo funciona el mundo, no nos hace mucha gracia.

Hemos crecido y envejecido sufriendo en la constante de ver que mientras las personas y nosotros mismo deseamos algo o vivir de cierta manera, son nuestras acciones las que nos llevan en otra dirección. Es la generalidad del caso que nadie quiere enfermar, pero muchos fuman. Todos queremos relaciones duraderas, pero casi todos las echamos a perder muy a nuestro pesar.

Aun podemos recordar que cuando niños, nos metíamos constantemente en problemas porque, aunque de verdad queríamos ser niños "bien portados", siempre terminábamos desobedeciendo o saliéndonos de los parámetros de conducta que los adultos requerían de nosotros. Muchos de nosotros fuimos considerados revoltosos y hasta rebeldes. Al crecer algunas personas siguen teniendo dificultades para "funcionar" en la sociedad, pues no tan solo encuentran dificultad para relacionarse con los demás, sino que tampoco encuentran como encajar en las normas y leyes sociales. De ahí que haya muchas personas privadas de su libertad.

Esta cuestión está presente en todas y cada una de nuestras circunstancias y deseos. Pues es nuestra esencia la que constantemente desea manifestarse, pero nuestra persistencia a mostrarnos según se nos ha educado es la causa del conflicto de energías que finalmente nos conduce al desastre. Imaginemos un automóvil con dos volantes.

Desde hace milenios algunos han tratado de entender esto. Han surgido explicaciones que para muchos hacen sentido y han encontrado refugio en ellas. Una de esas explicaciones es el Ying y el Yang – La dualidad -.

Algunos filósofos o gurús han hablado por siglos de la dualidad que existe en nosotros, que todas las cosas existen como opuestos inseparables y contradictorios. Ya sabes, el bien y el mal, el negro y lo blanco, hombre y mujer, y así sucesivamente. Se ha dicho inclusive, que la maldad es necesaria para que el bien pueda ser manifestado y que la infelicidad es la única manera de que la felicidad sea vivida o apreciada. Mas mamadas para consolar nuestra pinche existencia tal como el consuelo del cielo o el paraíso ayudan a los dolientes a sobrellevar su perdida.

Claro está que mi ignorancia supera con mucho a mi capacidad de decir que esas mamadas no sirven para nada, pues millones de personas las abrazan como artículo de fe. También son muchas las vacas que comen zacate y eso no me motiva a siquiera probarlo. Ya lo decía en un capítulo anterior, Hay muchos libros y filosofías y seguimos produciendo pendejos – incluido tu servidor -.

Podemos observar que más que una dualidad, hay una explicación más sencilla para esas contradicciones. Esta explicación va más de la mano con la biología, que al final de cuentas, lejos de ser una filosofía antigua sujeta a interpretación, es simplemente ciencia y química. Para efectos de esclarecer este desmadre, vamos empezando desde el principio.

Para ilustrarlo de manera sencilla: Imagina que alguien tiene que realizar un viaje de la ciudad de Guadalajara, México a una ciudad del mismo país, digamos Puerto Vallarta. Para llegar a completar el viaje hay tres opciones en lo general: Autopista de cuota, Carretera libre y Avión.

Las dos primeras opciones, aunque terrestres difieren no solo en el costo, sino más importante aún: El trazo de la carretera. Sobra decir que la opción del avión es con mucho más rápida.

Aquí podemos agregar otros factores: Si viajas en auto propio, en línea de autobuses, de "aventón" y si de aventón, en carro o tráiler. En fin, las variantes son infinitas. Hay que agregar el motivo del viaje. Si vamos a disfrutar de merecidas vacaciones, pues nuestra actitud será super alegre y dispuesta, contrario si vamos a solo trabajar.

Este viaje es metafóricamente nuestra vida y la ruta trazada para llegar es nuestra ESENCIA.

A diferencia de un viaje literal, en el que nosotros escogemos cuando y como llegar, en la vida tenemos muy poco que opinar en cuanto a la manera que se habrá de desarrollar. Ciertamente el inicio de nuestro viaje es cuando nacemos y la muerte, cuando llegamos. De allí que, para efectos de este ejemplo, no quisiéramos tomar el avión, pues significaría que nuestra vida o viaje, fue más breve, así que solo por tierra por favor.

Ya hemos explicado que al nacer nuestros padres determinan en la carga genética la esencia o carretera por la que habremos de circular. Sus circunstancias de vida y la sabiduría les permitirá darnos el vehículo en el que habremos de recorrer el camino.

No depende de nuestros padres determinar la ruta para llegar, pero cuando nos educan, la calidad de lo que nos inculcan será determinante al definir el transporte que nos llevará.

Sucede que, en un escenario ideal, el viaje transcurrirá sin contratiempos. Desafortunadamente la vida rara vez es ideal. Mientras vamos circulando por la carretera, encontramos derrumbes, accidentes, baches y tristemente, desviaciones. Todo lo anterior representa contratiempos de por sí, pero a veces las desviaciones resultan con mucho nuestra mayor frustración a la hora de viajar. Y esto no solo por el tiempo que sabemos vamos a perder, sino porque la mayoría de las veces las desviaciones son caminos de mucho menos calidad.

Entre el nacer y el morir, nuestro viaje ideal es circular siempre por nuestra esencia, pero como hemos dicho, nos jodieron el camino, nos dejaron como queso gruyere, nos pusieron baches y derrumbes, así que, obligados a hacer el viaje, tomamos las desviaciones. Agreguemos a esta historia que nunca hemos hecho el viaje antes, por lo que no sabemos que trazo tiene la carretera y desafortunadamente no contamos con un mapa, nuestro único indicador de dirección es que sabemos que en la mañana el sol a nuestra espalda y por la tarde, en la cara.

Así que arrancamos el viaje, nuestro vehículo circula de manera suave por los primeros kilómetros – nuestra muy tierna infancia – y ya por el poblado de La Venta del Astillero, empiezan los primeros baches, haciéndose cada vez más grandes, más profundos y seguidos que nos obligan a bajar la velocidad al punto de que ya en el pueblo de Arenal vamos prácticamente a vuelta de rueda – ya de 3 o 4 añitos – y entonces, derrumbes y desviación. Tomamos la desviación siguiendo la brecha que otros han tomado y en ocasiones abriendo brecha nosotros mismos. Entonces, nuestra travesía se vuelve penosa y aun cuando completemos el viaje, este será un viaje con mucho, muy sufrido.

Nuestros padres nos regalan la esencia de manera involuntaria y al azar, pues la ruleta genética la determinará y ellos no tienen manera de analizar sus "semillitas" y descifrar el código que en ellas hay. Así que nada que hacer. Sin embargo, sí depende de ellos con mucho el tipo de vehículo en el que habremos de hacer el viaje: Un automóvil, un camión, un todo terreno, una motocicleta de carretera o una super cros como la que usaba Evel Knievel para sus saltos mortales.

Está claro que nadie nace sabiendo ser padre – El mejor pretexto de todos – así que los que hemos llegado a serlo, simplemente tratamos de imitar lo que recordamos de los nuestros, o lo que creemos que se debe de hacer o imitando a nuestros pares. En algunos casos nos esforzamos por hacer justamente lo contrario de lo que nuestros padres hicieron, como una rebeldía o inconformidad a la manera como fuimos criados. Como sea el caso, lo ideal es iniciar la paternidad cuando nosotros mismos nos hemos "realizado" de alguna manera. Convertirse en padre o madre a temprana edad – en nuestros tiempos – rara vez es buena idea.

Cuando nuestros padres nos dan las bases emocionales apropiadas, nos empoderan para mantenernos dentro del camino o esencia. Estas bases emocionales inician con el reforzamiento de la aceptación de nosotros mismos a través del cariño que nos dan, sus atenciones y los valores fundamentales que serán los moduladores de cada aspecto de nuestra conducta. Por supuesto que lo jodido es que muy rara vez un padre inicia la educación de los hijos de esa manera.

De hecho, en el caso de muchos – me incluyo – hemos aprendido a ser padres solo cuando reconocemos cuanto hemos jodido a nuestros propios hijos, cuando ya han crecido y entendemos que debiéramos de haber hecho muchas cosas de manera diferente, entre ellas el no haberlos adoctrinado como lo fuimos nosotros, y haberles transferido nuestras propias pendejadas a manera de disciplina. De hecho, son muy pocos padres los que conscientemente inculcan valores a los hijos y en estos últimos años los padres o están muy ocupados o sencillamente por idiotas delegan lo anterior a los profesores en las escuelas, a las abuelas y más tristemente, a la televisión – No se diga qué se pueden ver infantes con tabletas o teléfonos inteligentes -.

Los valores que tendríamos que recibir en nuestros primeros años son tan básicos que son de origen genético, pues se observan en otras especies de mamíferos. La empatía, la lealtad, la misericordia, el perdón y la generosidad son solo algunos de ellos. Estos valores cuando son establecidos a temprana edad aseguran el mejor vehículo posible para nuestro circular hacia nuestro destino.

Muchos psicólogos hablan de la importancia de los primeros años y dentro de esa disciplina hay muchas corrientes y pensamientos de cómo se debiera de educar a los hijos a partir de su tierna infancia. De igual manera pienso que para un padre primerizo todo ello puede resultar un montón de basura al solo agregar más confusión a la propia.

Prueba de lo inútil que resultan las teorías de psicología es el resultado de las nuevas generaciones. Ya lo dije anteriormente y lo sostengo en este caso: seguimos produciendo pendejos – Reconozco la utilidad de la ciencia detrás de la psicología y aplaudo los métodos terapéuticos que ayudan a muchos, pero es el mismo caso que el de la filosofía, ayuda a quienes ponen fe en sus procesos. -

En lo personal he aprendido que no somos seres tan complicados como los psicólogos nos quieren hacer creer. Somos una especie más entre otras tantas similares a nosotros. Simplemente estamos más jodidos, porque hemos insistido en vivir de la chingada a pesar de los putazos que nos da la vida.

La familia como tal, es una institución natural que se observa en muchas especies. Es por decirlo así, un equipo de trabajo cuyo solo objetivo es la preservación. Por ello vemos seres "menos" inteligentes enseñando a su prole a cazar con el caso de las panteras, osos y otros depredadores. También como evitar el peligro, como y donde anidar y muchas cosas más.

El ser humano tenía en un inicio una estructura familiar así de básica y con el desarrollo de la inteligencia cognitiva la función de la familia continuó siendo básicamente la misma por miles de años, con la única diferencia que los procesos de enseñanza y aprendizaje se hicieron más complejos ya que la mejora en la calidad de vida exigió más procesos para la transmisión del conocimiento. Puesto de manera simple, de solo enseñar a cazar y gestionar la supervivencia, ahora se enseñaba a producir fuego, cocinar, elaborar prendas, construir viviendas, el comportamiento de las presas y la identificación de las plantas comestibles y la construcción de vivienda, entre otras muchas cosas más.

La familia era la única fuente de enseñanza y de protección. Por lo tanto, los padres eran plena autoridad y los hijos no tenían ninguna otra fuente de información para la vida. No había expectativas de futuro tan variadas como las hubo después, así que los hijos simplemente aprendían sin cuestionar y su programa genético de sumisión estaba siempre andando – La sumisión es un mecanismo natural que vemos en todos los mamíferos y es necesaria para que la estructura social del grupo pueda funcionar -.

¡Pura felicidad! En esas familias primitivas no había esas mamadas de los traumas psicológicos, ni inseguridades sociales, ni pedos por herencias o posesión de las tierras. Los humanos simplemente vivían día a día con el miedo constante que se los llevara la chingada cuando alguna bestia se los tragara o se desbarrancaran por andar de babosos.

Y valla que sí vivían, ya que la consciencia plena de una muerte repentina los mantenía alertas pero apreciativos a cada momento que permanecían entre los vivos. – Hoy pareciera la gente se cree eterna -.

Los pedos empezaron cuando las familias crecieron y se unieron a otras formando grupos de soporte para asegurar su mutua supervivencia. Pues entonces surgieron ya las cuestiones de liderazgo y control de los ya numerosos miembros de esas pequeñas comunas, por lo que alguien inventó los dos grandes males de la humanidad: La política y la religión.

La política como mal social reguló esos grupos y permitió la permanencia en el liderazgo de unos pocos y la religión aseguró el apego a esas nuevas estructuras sociales mediante infundir de manera más organizada, los miedos de los individuos por lo desconocido, afianzándose la superstición en los individuos. Los padres entonces simplemente perpetuaron sus miedos en sus hijos.

Las estructuras sociales se fueron haciendo más complejas y en el camino se reforzaron el poder y el clasismo en los individuos, surgieron las dinastías, la realeza y por supuesto, los partidos políticos. En todo este proceso, la belleza de la familia, su crianza y desarrollo se fue yendo sin sentir a la chingada. Las familias ya no eran entidades aisladas en extensiones de tierra vastas y salvajes. Sus enseñanzas ya no dependían de la experiencia de vida de los padres, sino a condicionamientos sociales y programas de adecuación de los poderosos.

Así que nuestro consuelo al ser un fracaso como padres está en saber que no es todo culpa nuestra, sino que somos producto de un proceso social que ha tomado miles de años en formarse. Nuestra culpa radica en querer seguir jodiendo a nuestros hijos a pesar de que es evidente que la hemos cagado. Si, la hemos cagado.

Si de alguna manera somos de los pocos "iluminados" que entendemos lo anterior ANTES de tener prole, pues si está garantizado que le daremos a nuestro hijo el mejor vehículo posible y quisiera decir que de allí en adelante todo será miel sobre hojuelas. Pero sucede que son DOS cosas las que nos joden: Los padres y el entorno. Así que el viaje arrancaría de maravilla mientras el circulo de influencia de los padres sea constante y único. Pero vienen los abuelos, los primos, la nana, los maestros, los compañeros, y claro, la televisión. Todo lo anterior será el encargado de hacer más abundantes los hoyos y crear los derrumbes que nosotros no hicimos. Tristemente el que seamos desviados de nuestra esencia – por un tiempo al menos – es inevitable.

Entender el origen de los males y el porqué de las cosas nos ayudan a iniciar el proceso para poner remedio a nuestros problemas. Nunca nadie ha arreglado un automóvil o curado un padecimiento sin primero diagnosticar lo que está sucediendo.

Desde pequeños hemos sido condicionados a entender nuestro entorno de cierto modo y como resultado nuestra percepción ya moldeada de antemano nos hace valorar las cosas y a los demás de una manera que no corresponde con la realidad. Esta falsa percepción también incluye lo que miramos en el espejo. Culpemos de inicio al que inventó como hilar más rápido y que después se convirtió en fabricante de ropa. – solo por poner un ejemplo.

Resulta que hace miles de años el ser humano descubrió que no solo de pieles se podía vestir, descubrió que las plantas podían proporcionarle fibras con las que después fabricaría telas y luego ropa. Este proceso inicialmente correspondía a la familia, misma que estando aislada, satisfacía totalmente las necesidades del grupo. Las personas alternaban sus actividades del día entre cazar, recolectar, el acopio de alimentos, agua e hilar. En algún momento en el pasado, alguien – o algunos – descubrió que era bueno hilando y fabricando tela, así que decidió solo dedicarse a eso, y aprovechando que ya había más personas cerca de sí, simplemente intercambió ese producto que le gustaba elaborar por el que necesitaba. Del mismo modo personas que se supieron diestras para confeccionar ropa, pues comerciaron con su producto.

En un inicio todo era miel y dulzura: El hábil para cazar, pues cazaba más de lo que necesitaba para intercambiar su excedente por vegetales con alguien al que le encantaba trabajar la tierra o que simplemente tenía también excedentes. Todo ese intercambio de bienes funcionaba sin alterar ni el entorno ni el bienestar social. Claro que algunas cosas eran más necesarias para la vida que otras, por lo que, sobre la base de la dificultad para adquirir ciertos productos y su demanda, las personas fueron fijando diferente valor a cada cosa. No podría valer lo mismo una piel de oso, que un cesto de manzanas.

Por miles de años las incipientes sociedades fueron creciendo junto con las economías que regulaban sus actividades de intercambio de bienes y servicios. Llegó el dinero y del trueque pasamos a las transacciones monetarias. Claro que a medida que creció la economía se diversificaron las actividades y surgieron necesidades nunca vistas – No podemos pensar en un cazador de mamuts de la prehistoria buscando almohadas o cucharitas para el té -. Ya habrían surgido los oficios para satisfacer las necesidades conocidas hasta entonces.

Aunque la humanidad estaba ya encaminada al desastre en ese punto, faltaba el catalizador que habría ahora sí de mandar al chorizo a la humanidad: La revolución industrial.

Los oficios como tales fueron transformados en industrias capaces de producir artículos en grandes cantidades, abaratando la adquisición de productos y aparentemente beneficiando al consumidor final. Los emprendedores de la revolución industrial no solo mejoraron sus ingresos, sino acumularon grandes fortunas con una facilidad nunca vista.

Eran tan grandes las cantidades de producto, y el costo tan

accesible, que pronto los mercados se saturaron de los bienes que producían. Habría de llegar el momento en el que grandes fábricas se construyeron, pero ya no había quien comprara sus productos, pues ya todos habrían adquirido uno. Piense en el foco. En una casa hay por lo menos diez. Cuando la casa es nueva, se adquieren los focos que la han de iluminar. Si pensamos que el foco durará muchos años funcionando, las perspectivas del fabricante no son muy buenas. Imagínate si tus focos duraran 100 años como un foco de Livermore, California que según "Aunque Usted No Lo Crea" de Ripley, lleva ya más de ciento diez años prendido casi continuamente.

Pero los fabricantes de focos son más listos de lo que crees, les dieron un periodo de vida, como a todo lo producido desde entonces, se le llama "Obsolescencia Programada". Por ello es por lo que los focos duran solo cierto tiempo y las cosas que compramos, como teléfonos inteligentes o cualquier otra cosa, debe de ser reemplazada más seguido de lo que nos gustaría, y para los fabricantes, entre más seguido, mejor.

El fabricante de ropa se vio en el mismo dilema, o fabricaba ropa de calidad extraordinaria que se vendiera muy de vez en cuando o ropa que la gente comprara aun cuando todavía no la necesitara. Surgió la cuestión de cómo hacer que la gente compre cosas sin realmente necesitarlas. Reemplazar cosas por el simple hecho de hacerlo. Suena desquiciado y está muy de la chingada. Surgió el marketing. Al marketing no le importa quién eres, lo que piensas o sientes. Esos factores solo los toma en cuenta a la hora de buscar tus debilidades mentales, tus huecos emocionales, tus motivaciones personales. Una vez que las ha logrado entender, hará absolutamente todo lo posible para usarlas con el propósito de manipularte a su antojo adueñándose de tu voluntad. Esta herramienta de abuso mental es usada hoy en todo aspecto de la vida diaria.

El marketing es muy ampliamente usado por la industria del vestido – el que en un principio era un humilde hilador y fabricante de tela – para convencer a las personas cada cuando comprar creando "temporadas", diciéndonos que comprar y el valor que adquieres como persona al haberlo comprado. Hoy podemos ver un sinnúmero de personas vistiendo ropa de temporada y de ciertas marcas. Todos hemos tenido la oportunidad de ver a muchas personas luciendo camisas de marcas muy caras, pero viajando en el transporte público urbano, incluidos tú y yo.

La industria del vestido es la que a través del marketing ha influido en la sociedad moderna a tal grado que ha dictado como debemos vestir y ha definido el concepto de belleza. Miles de mujeres alrededor del mundo ven afectada su salud mental y física por el solo motivo de querer encajar en los cánones de belleza con los que son bombardeadas todos los días. Hombres luchan como pueden para encajar en la imagen de éxito que la industria ha dictado como ideal. Cuando nos referimos a la industria del vestido, lo hacemos pensando en todos los aspectos de la imagen personal, tal como maquillaje, joyería y accesorios.

Ahora resulta que no somos realmente nosotros los que definimos lo que nos gusta o no. Tenemos a huevo que terminar vistiendo lo que de momento hay en las tiendas obedeciendo las tendencias de la moda impuestas por estos cabrones. Lo que más me emputa es que hasta nuestro concepto de belleza es moldeado. Nos dicen que hermosas son solo las güeritas, o las flacas, o las de ojos de ciertos colores o que si tal o tal. En el caso de los mexicanos, nos han convencido de que nuestras morenitas no son tan chulas como las de apariencia europea. – Basta ver las características físicas de los actores en la publicidad donde quiera que vallamos -.

No cuesta mucho trabajo entender la frustración interna de alguien que es atraído por una persona que no encaja en el "modelo" de belleza establecido en su comunidad. Te gusta mucho, pero tienes que afrontar la penita de a los demás les parezca no tan agradable.

Pero aún: Es muy triste ir por la vida sabiendo que nosotros mismos no encajamos en ese modelo tampoco.

Nacemos como personas que solo necesitan saberse vivas y plenas, pero otros te dicen que lo que traes en ti mismo no es suficiente para ser valorado. Que es importante verte y vestirte como los demás te dictan. El recordatorio constante de nuestra "deficiencia" nos hace circular por la vida como perro con la cola entre las patas, mirada suplicante y una constante de querer complacer a los que nos rodean convirtiéndonos así en la persona que otros quieren que seamos con la aberración de no complacerlos del todo, porque las personas o sociedad a las que queremos agradar están tan pendejos o más jodidos que nosotros mismos.

El sistema de cosas que ha sido construido por miles de años es la columna vertebral del adoctrinamiento que hemos recibido, haciéndonos esclavos de sus conceptos, explotando nuestras más elementales necesidades emocionales con la finalidad de controlarnos, y nosotros vamos por la vida aceptando constantemente las contradicciones de esta realidad que ha sido puesta delante de nosotros. El ejemplo de la industria del vestido solo es la punta del iceberg, ya que todas las industrias hacen exactamente lo mismo: Poner sus intereses y utilidades por encima del bienestar de los individuos, impulsados por ese deseo constante de dar las nalgas por dinero.

Nos corresponde a nosotros comprender la raíz de nuestras desviaciones y volver a nuestra esencia. Lo que queda es comprender donde estamos jodidos y donde hemos sido jodidos, siendo lo primero causado por nuestras propias pendejadas y lo segundo la manera como el sistema nos ha arrinconado. No todo es solo tristeza, pues a pesar de las grandes contradicciones de la vida podemos arrancar momentos divertidos, momentos felices, relaciones hermosas. Queda solo disfrutar a nuestros amigos y volteando con complicidad decirles con mirada pícara: "No seas joto y dame un beso".

Capítulo V

ESPEJITO, ESPEJITO

Nota: Los alemanes nos regalaron un cuento que de manera oral fue pasado de generación en generación, siendo los hermanos Grimm en el siglo XIX los que lo pusieron por escrito junto con otros ciento noventa y tantos, y por supuesto Walt Disney el que lo adulteró y lo llevó al cine con el título de "Blanca Nieves y Los Siete Enanos". En el cuento original no existía el espejo, sino que la reina se dirigía al Sol o la Luna, pero con el propósito de desarrollar este capítulo, tendré que atenerme a la versión de Disney.

Los seres vivos, en especial los mamíferos, hemos desarrollado un mecanismo que nos permite tener conciencia de nuestro ser, de nuestra propia existencia. Es una serie de procesos en nuestra mente que, de no existir, no seriamos capaces de conductas sociales. Es más, sería prácticamente imposible tanto relacionarnos como funcionar. Este mecanismo ha sido por miles de años la base de nuestra construcción del "Yo", de cómo nos percibirnos a nosotros mismos y como consecuencia, la manera como percibimos e interactuamos con los demás de nuestra especie y/o grupo social. Este "Yo" es la manifestación de la esencia que nos define, y nada tiene que ver con el "ego" que construimos a partir de la distorsión que nace del adoctrinamiento.

Todo ser vivo tiene consciencia de sí mismo, algunos de manera genética solamente y otros en una construcción más compleja. Los microbios no tienen pensamientos y tampoco las plantas, pero su necesidad de reproducirse y de propagarse muestra que al menos "saben" lo que tienen que hacer. De hecho, hasta los virus a quienes muchos consideran organismos sin vida, tienen procesos que aseguran su propagación.

Los insectos son otro ejemplo sobresaliente. Las hormigas se organizan en diferentes estratos sociales, mismos que más que ser imposiciones de hijos de la chingada enfermos de poder, son funciones que se ejecutan en la inercia de comandos en sus genes. Inconscientemente saben su lugar en el escalafón social y entienden qué funciones se esperan ejecuten en el hormiguero. Si una hormiga no puede diferenciar su "yo" de las demás hormigas, ¿Cómo pudiera saber si debe de jalar, empujar, cargar o hacer equipo con otras, que se ven igual a ella? Creo no hay necesidad de ampliar la explicación al caso de las abejas.

La mantis religiosa es otro gran ejemplo de percepción del "yo". Este es por lo general un insecto solitario, y solo cuando desea reproducirse es que busca al macho o hembra según sea el caso. Si resulta que hay varios machos y una hembra, los machos pelearán entre sí y el ganador será quien se reproduzca. Sin la percepción de sí mismos no pudieran saber su valía como macho en comparación con otros y no sentiría el impulso de prevalecer para asegurar la continuidad de sus genes. Todo este proceso o mecanismo se da comandado no por un razonamiento tácito, sino por comandos generados en su código genético. En mi concepto personal el ganador no lo es del todo, pues ya sea durante el arrumaco o después, la hembra se come al macho – gracias, pero no, gracias.

En el caso de los mamíferos, entendemos que la percepción de sí mismos es mucho más compleja, pues no solo envuelve comandos genéticos, sino que también integra procesos de razonamiento mecánico y en algunos casos inteligencia cognitiva. Tomemos de ejemplo a los primates, en este caso los chimpancés. Ellos forman sociedades complejas donde los individuos interactúan entre sí, formando una serie de grupos que combinan según los intereses que vallan teniendo a lo largo del día, se dice que su manera de socializar es de fisión-fusión, lo que significa que en ocasiones desean estar solos y en ocasiones necesitan interactuar con otros para, por ejemplo: copular (obvio) acicalarse, acariciarse, jugar o simplemente socializar. El tamaño de sus manadas depende de la disponibilidad de alimento. Las hembras jóvenes pueden salir de un grupo original y formar parte de un grupo totalmente diferente. Entre ellos hay jerarquías y por supuesto que en todos los grupos siempre hay un macho dominante.

En algún momento de la prehistoria, nuestros antepasados pasaron de tener comportamientos similares a los chimpancés, a estructurar una serie de conductas mucho más complejas. Esto fue posible en la medida que el lenguaje fue evolucionando. Un ejercicio sencillo: ¿Cómo describirías en tus propias palabras los procesos de fisión nuclear, al grado de que otra persona los imagine con exactitud? Para empezar, ¿Qué chingados es la fisión nuclear? ¿Con qué se come? Somos millones de personas que no solo no sabemos que es esa chingadera, no entendemos el concepto y no contamos con el vocabulario suficiente para ENTENDERLO y luego transmitirlo con tal efectividad que el que nos escuche lo pueda asimilar.

Nuestra mente necesita de un lenguaje para poder ir estructurando las ideas, para transformar conceptos abstractos en descripciones complejas que nos permiten una mayor comprensión de nuestro entorno. Una muestra de cómo el lenguaje es la base de la comprensión es lo que sucede con nosotros desde el momento de nacer hacia adelante. Cuando eres un recién nacido pides alimento como simple función de tu biología, lloras como un reflejo de tu necesidad. Con los días tu mente aprende en base a la respuesta de tu llanto, que cada vez que lloras, algo o alguien te proveerá alimento. Posteriormente aprendes que con el llanto obtendrás otras cosas. Empezaras a reconocer voces y rostros y por supuesto a los tres meses de nacido ya tienes claro otras muchas cosas. Pero en esa etapa todos los registros de nuestra memoria solo son imágenes que procesamos bajo el comando biológico de lógica de "si". Dicho de otra manera, Si tienes hambre lloras, Si quieres que te carguen, lloras, si quieres que te cambien, lloras. Todo esto en imágenes en tu mente. Cuando eras bebé no pensabas: "voy a llorar para que estos pinches esclavos hijos de la chingada me cambien el pañal cagado por uno limpio", simplemente al sentir tus nalguitas llenas de caca, llorabas. En la medida que creces, vas aprendiendo palabras que van supliendo a las imágenes abstractas. De modo que tu mente reemplaza esas imágenes por descripciones conceptuales. A medida que vas aprendiendo más palabras vas siendo capaz de estructurar expresiones más complejas, y ahora sí eres capaz de gesticular tus deseos. En un principio los adultos encontrarán graciosa tu manera de hablar, pero a medida que crezcas reemplazaras palabras como "no sepo, no sebo, no sabo" por las palabras "no sé".

Lo interesante es que en la medida que tu vocabulario crece, vas pudiendo ya "pensar" ya que las palabras construyen razonamientos complejos – tan complejos como nuestro vocabulario - y dan a nuestra mente una herramienta que no es posible sin un idioma: Los recuerdos estructurados. Es por ello por lo que no podemos recordar nuestros primeros años. Pues las imágenes son frágiles en la memoria, pero las ideas o conceptos que describe el idioma nos da los registros que nos acompañarán toda la vida.

En el proceso de aprender palabras, como unirlas y finalmente decir oraciones completas también pasan otras subrutinas en un segundo plano. Este segundo plano es tu subconsciente, mismo que también tiene memoria. Mientras los adultos te enseñan a hablar, te van incrustando entre líneas las inseguridades, los miedos y todas las mamadas que habrán de joderte la vida. Obviamente no te dicen: "Los desacuerdos se resuelven a chingadazos", tampoco dicen "Las posesiones son más importantes que las personas". Esto te lo transmiten a través de las conductas que observas. Tu cerebro es una esponja que absorbe cada pieza de información que esté disponible. Está en tus genes como parte fundamental de tus mecanismos de supervivencia, ya que los aprendizajes son elementos que se integran a ti de manera inherente.

Tu esencia ya está incrustada en ti pues es una respuesta cien por ciento genética, y no hay nada que pueda hacer que esa esencia cambie. Sin embargo, el subconsciente, que tiene más que ver con el desarrollo de la conducta, va registrando los patrones de comportamiento que observas en los demás y posteriormente aprenderás los patrones que los adultos insistirán en imponerte.

Hace miles de años, cuando las familias eran grupos aislados autosuficientes, los individuos no tenían mucho tiempo para andar pensando en mamadas, ya que toda su energía la empleaban en mantenerse ocupados buscando que tragar. Hay que recordar que la única figura de autoridad y fuente de conocimiento práctico provenía de los padres. La percepción del "yo" era muy sencilla, pues no existían elementos contaminantes externos como los hay hoy en día. Los padres solo estaban interesados en que sus hijos tuvieran el conocimiento y herramientas para auténticamente sobrevivir. No existían cánones o normas preestablecidos de como debían de ser los rasgos de personalidad que debían poseer. Lo importante en cada miembro de la familia era simplemente el cumplir con su función en el grupo para asegurar la preservación de la tribu.

Como expliqué en un capítulo anterior, las familias se volvieron tribus o pequeñas comunidades y como es natural, los más inteligentes reconocieron las ventajas de estar en una posición de liderazgo. Los individuos pertenecientes a aquellas comunas dividieron la obtención de alimentos en dos grupos: cazadores y recolectores. La búsqueda de alimento se convirtió en una actividad colectiva y llegó el momento en que alguien o algunos debían tener el control de como habrían de repartir o administrar los alimentos. Ya en nuestros genes está la necesidad de sobresalir sobre otros individuos, pero ese comando biológico es natural cuando de ganar los favores de la hembra se trata, pues la continuidad de nuestra carga genética está en juego. Por otro lado, el liderazgo que los individuos buscaban tenía tintes más torcidos, tenían más que ver con la avaricia y la construcción del ego que con un comportamiento natural.

Piensa: La acumulación de comida en el reino animal tiene como objetivo la supervivencia de comunidades enteras y en el caso de los acumuladores individuales, la supervivencia de sí mismo o su prole. Nunca se ha observado que alguna especie guarde alimento sin ton ni son. Siempre guardan lo que necesitan, regularmente guardan para el invierno o la temporada que "saben" que no habrá suficiente alimento. Así eran los seres humanos antes de torcer su percepción del "yo".

Algunos individuos del grupo consideraron que las hembras no eran únicamente el premio mayor por el cual pelear. Encontraron que las hembras respondían más favorablemente no solo al que fuera más fuerte, sino al que pudiera proveer alimento para ellas y sus crías en los tiempos difíciles. Entonces consideraron que debían acumular alimento o recursos para poder tener una posición privilegiada en el grupo. Pero entre tanto candidato a ser el menos pendejo, ¿Cómo habrían de justificar su permanencia como lideres? Surgieron los chamanes, brujos, hechiceros y por supuesto los jefes de la tribu.

Esta combinación interesante no es más que una labor de equipo entre un individuo muy fuerte físicamente y uno que era suficientemente inteligente para explicar lo que los demás no eran capaces de entender por sí mismo. Te cuento: En aquellos tiempos los humanos eran como el resto de los mamíferos, pues ante los embates de la naturaleza simplemente se atemorizaban. No entendían los fenómenos del trueno, la lluvia, la obscuridad y todos los eventos naturales que afectaban su vida diaria. Simplemente se limitaban a buscar refugio de las inclemencias del tiempo.

Eventualmente, en la medida que evolucionaba la capacidad cognitiva de nuestros antepasados, la curiosidad por entender esos sucesos y darles explicación fue creciendo. Claro que la gran mayoría no lograba desenmarañar esos misterios. Pero entonces surgieron los que con más inventiva e imaginación fueron dando explicaciones que en la ignorancia de los demás tomaron sentido, y al no haber más opciones para entender, pues simplemente aceptaron lo que les vendieron. Esas personas se convirtieron en los chamanes que conectaban el plano terrenal con los dioses, con la magia, con los poderes que dan la superstición y el control a través del miedo. Al mismo tiempo surgieron individuos que por sus características físicas se sobreponían sobre todos los demás individuos de su tribu.

Evidentemente puede más un grupo de diez individuos molestos que un solo hombre por más fuerte que sea.

En todas las interacciones siempre hay resistencias. Cuando el grupo es pequeño, es fácil que el macho dominante mantenga su posición, pues pocas veces en el grupo surge alguien con suficiente fuerza para imponer resistencia y derrocar al poderoso en turno. Pero a medida que los miembros se hacen más numerosos, surgen más candidatos que quieren los beneficios del poder. Se ha observado en los chimpancés, gorilas y otras especies, que incluso los aspirantes unen fuerzas para darle en su madre al macho dominante, para entonces disputar la posición entre ellos. Si eso pasa en especies con menor inteligencia cognitiva, pues imagínate entre los recién estrenados hijos del homo sapiens.

Con el peligro latente de que los más débiles y pendejos se unieran para derrocar a los que ya estaban en el poder, los lideres tendrían que idear alguna mamada que les permitiera perpetuarse como machos dominantes. Pues, así como el milagro del concepto de libertad regresó a los esclavos liberados a las plantaciones, surgió otro milagro mucho antes de este, surgió la LEGITIMACIÓN DEL PODER.

Barajando más despacio: Si se convencía al grupo que el líder, jefe o macho alfa tenía el derecho legal de estar en esa posición, más que simplemente la auto imposición a punta de madrazos, entonces todo el grupo no solo habría de aprobar su permanencia, sino defenderían la perpetuidad de su gestión.

Era momento de que los chamanes – la religión - hicieran mancuerna con quien deseaba legitimarse en el poder – la política -. Claro, tenemos a un chaman que ha logrado convencer a los demás con miedos y supersticiones que él es el único con línea directa con los dioses, y ¿Qué crees? Los dioses le dijeron que fulanito era el elegido para ser el jefe, el chido, el mero mero, el que parte el queso, el macho dominante. Ya favorecido con semejante derecho sobrenatural, pues no habría quien pudiera retar su posición, pues nadie puede contradecir la voluntad divina. A fin de no perder el favor adquirido de los dioses, el macho dominante tendría que proteger de manera especial al chaman y por supuesto, favorecerlo ampliamente cada vez que se repartiera algún pastel. Es hecho comprobado que la mayor parte del tiempo, eran los chamanes los que simplemente controlaban como se repartía el poder. Basta ver la influencia de la religión sobre reinos enteros en los últimos dos mil años.

Las tribus fueron creciendo y evolucionando como grupo. Cada vez más individuos comprendían que había gato encerrado en el arreglito "divino". Tenemos que recordar que la esencia del individuo era más evidente, pues en ese entonces las personas no tenían tantos condicionamientos y su lógica estaba más en sintonía con la naturaleza. No había patrones definidos de comportamiento pues cada individuo funcionaba acorde a su ser interno, a su esencia.

Esto por supuesto representaba un problema constante para el orden de cosas de ese tiempo. Los chamanes con su magia y los lideres con su fuerza no lograban con los medios disponibles garantizar para ellos mismos su permanencia en el poder, pues ahora las resistencias eran de un nivel más elevado: Aunque todos de alguna manera razonaban, Algunos de los miembros de la tribu eran capaces de pensar por sí mismos en un nivel "superior" y así cuestionar todo lo que no tuviera sentido, ya que se reconocían como personas únicas e independientes. Por lo que, más que desear la posición de los poderosos, lo que deseaban era vivir su esencia, así que las desbandadas de vuelta a un aislamiento más a tono con la naturaleza eran comunes.

Los lideres se habían acostumbrado a las mieles del poder. Ya no era necesario que chamanes ni jefes trabajaran tan duro como los demás. Lo que es peor, con el tiempo nacía el tributo tanto de carácter civil – para el jefe – como de carácter religioso – para el chaman -. No podían ya darse el lujo de perder miembros de sus tribus, pues, ¿Quién tributaría, o atendería las diferentes funciones de esa sociedad primitiva?

El poder no tiene sentido si no hay nadie sobre quien ejercerlo. Algo se tendría que hacer.

Todo tipo de edificaciones requieren materiales específicos al construirse. Ese material debe de cumplir con ciertas características. Estos materiales pueden ser muy diversos pero el constructor escogerá aquellos que le faciliten el trabajo. Ningún constructor puede negar que es más fácil construir una pared con ladrillos de una sola medida, que con piedras que tienen que ser escogidas para encajar en la forma final.

Las estructuras sociales son más fáciles de definir si los individuos son todos del mismo tipo, como ladrillos de una medida. Si son como piedras, entonces vendrán en diferentes tamaños y formas.

En las primeras tribus, era necesario construir un orden social que permitiera el funcionamiento de la comuna. En un inicio la función de cada individuo era fácil de asignar ya que las necesidades del grupo se limitaban a la procura del alimento principalmente. A medida que los grupos fueron creciendo, sus necesidades también. No solo habría que buscar alimento, también distribuirlo y almacenarlo. Surgió la necesidad de protegerse de otros grupos o tribus que también peleaban el sustento. Grandes extensiones de tierra se convirtieron en cotos de caza y recolección y había que defenderlos. Todo ello requería organización y como entenderás, sería muy difícil convencer a una persona que se atara a un grupo, cuando tenía la capacidad de cuidarse a sí mismo sin necesitar la protección de los demás.

Pusieron manos a la obra y entendieron que debían de convertir piedras de diferentes tamaños, densidades, peso y color en simples ladrillos rectangulares que les permitiera construir a su antojo la estructura social que mejor se acomodara a sus intereses. Fue cuando surgió el adoctrinamiento a través del miedo. Fue cuando la comunidad donde habrían de florecer los individuos se convirtió en la cárcel que aplastaría sus anhelos más naturales.

Poniéndolo de manera más sencilla, en sus comienzos la humanidad era una vastedad de colores como hay en nuestro mundo – diez millones –. Ciertamente diez millones de maneras de ser resultaban ser un material caótico imposible de controlar y de conformar para ser usada como ladrillos. Entonces redujeron los diez millones de colores a solo siete.

Nota: Los científicos han descubierto que el ojo humano puede ver mil tonos de luz, reconocer cien tonos de rojo y verde y cien niveles de tonos amarillo-azul. Si se multiplican estos valores obtenemos diez millones de colores. Muchas personas creen que solo hay siete, que se manifiestan descomponiendo la luz mediante prismas o simplemente humedad, como el arcoíris.

En un proceso que tomo cientos o miles de años, bajo el sistema de prueba y error, los lideres fueron formándose ideas de como debiera ser el "perfil" ideal de los miembros de su comunidad. Fue la refinación de las supersticiones las que dieron lugar a los conceptos del bien y el mal.

La naturaleza nos enseña la verdad sobre el bien y el mal: simplemente no existen.

Pero eso les valió madres. Lo importante era hacer creer a los demás que los dioses tenían opiniones expresas en relación con lo que se podía hacer y lo que no. De los chamanes se pasó a sistemas de creencias más complejas y estructuradas, surgieron los sistemas sacerdotales, los astrólogos, los magos y por supuesto, se dio origen a la creencia de que al nacer somos seres sin valor que necesitan ser rescatados, redimidos o elevados por las divinidades.

Que fácil se la pusieron a sí mismos. Resulta que idearon las personalidades o patrones de conducta que debían prevalecer. Al hacer una lista extensa de leyes que prohibían desde alimentos, hasta ciertas costumbres sexuales – olvídate del Kama Sutra – Y por otro lado exigían amoldar su conducta a una preconcebida "personalidad" que debiera de ser manifestada en todo aspecto de la vida. Y es a causa de esa personalidad que todos los clérigos, religiosos y gente "piadosa" parecen clones en la manera de hablar y de pensar.

No es necesario imaginar la clase de desmadre que esto ocasionó en el alma de aquellos individuos, pues lo vivimos hoy. La esencia había sido suprimida, una piedra que bien pudiera ser o contener un diamante, había sido reducida a un ladrillo más en la pared.

Hoy día las religiones han evolucionado a la par del pensamiento humano, creando doctrinas y filosofías que hacen sentido a la mente cegada a la fuerza desde la infancia. Encontramos un vasto menú de creencias de tal suerte que es fácil ver personas poniendo fe en dioses "a la carta". Por otro lado, los grupos de poder se perpetúan mediante haber refinado su estrategia para legitimar su posición ante los demás.

En estos tiempos ya no vemos hogueras rostizando "herejes" y las persecuciones a los disidentes han ido tan a la baja que en occidente no es común ver "perseguidos" políticos. Los "chamanes" modernos han logrado dar un sentido de libertad mental a los cautivos, mediante hacerles creer que pueden escoger las creencias que quieran y los conceptos de dios pueden ser tan variados como el creyente desee. Todo esto con la condición no escrita de que siga funcionando como el ladrillo que son. Las fuerzas políticas también han evolucionado, ya que la legitimización pasó de ser la bendición de algún dios o dioses, a ser una revolución del poder colectivo a través de la democracia.

Exponiendo lo anterior, puedes entender que es muy difícil tener una percepción real del "yo" cuando por toda tu vida, has sido formado como ladrillo. "Hasta en los ladrillos hay niveles" dirás. Eso es cierto, pero saber que has sido puesto en una hilada en la parte alta de la pared no cambia el hecho de que eres un ladrillo. El punto aquí es: El consuelo pendejo de la mayoría de nosotros es que mientras seamos un ladrillo puesto encima de los demás, no hay pedo. Y si creemos que somos ladrillos de oro, mejor.

Genéticamente estamos obligados a justificar nuestra propia existencia. Esta justificación natural nos da el impulso que requerimos para cumplir con un propósito. Inherentemente tenemos que creer que podremos lograr ciertos objetivos o cumplir metas. Desafortunadamente este mecanismo obra en nuestra contra, pues nos apendeja y no permite la mayor parte del tiempo reconocer que nos hemos equivocado. Si resulta difícil aceptar nuestra responsabilidad en cosas pequeñas y no aceptamos culpas mínimas, ¡Imagínate aceptar que todo lo que piensas acerca de ti, lo que crees y como vives es solo adoctrinamiento! Lo peor es que ni siquiera es tu propio cagadero. Otros te jodieron la vida.

Otro mecanismo en nuestros genes es el sentido de la perpetuidad. Si fuera nuestra esencia la que nos gobernara, nuestros hijos heredarían de nosotros solo las características genéticas, el entrenamiento necesario para la supervivencia y valores que modularan sus conductas. Se convertirían en individuos plenos y libres. Pero como estamos tan torcidos, lo que les queremos heredar es la construcción ególatra que hemos hecho de nosotros mismos.

Por eso es tan difícil criar hijos en este piche sistema de cosas.

Tenemos un hijo o hija que nos nace como lienzo con trazos propios, con una esencia que de vez en cuando asoma y que se rebela contra los traumas que tenemos y les queremos imponer. Somos como la reina del cuento que ama verse en el espejo, que admira lo que ve y que no concibe el que alguien más tenga cabida en su universo como más hermosa. Así que nos damos a la tarea de matar a ese ser único e irrepetible y resucitarlo como un clon de nosotros mismos.

Los que tenemos hijos o hijas, hemos pasado por un proceso muy doloroso para poder reconocer que ellos no son ni deben de ser un reflejo de nosotros mismos. No son nosotros. Al tener esencia propia tienen una identidad única. A esa identidad única le vale madres que piensas tú de la vida o lo que te gustaría que ellos fueran o en que se conviertan.

No hay experiencia más grandiosa que conectar con tus hijos adultos de manera libre, autentica, sin tabús ni formalismos pendejos. De que mutuamente se reconozcan como seres independientes y con pleno derecho de escoger como vivir y que pensar. Es muy chingón que tus hijos te acepten sin juicios y sin culpas y que tú los respetes por ellos haber tenido la capacidad de comprender que todo el cagadero que hiciste con ellos fue consecuencia del cagadero que otros hicieron contigo. Y ellos te respeten por que eventualmente reconociste que la cagaste con ellos. No hubo necesidad de siquiera hablarlo, simplemente reconectaste con ellos. Si nosotros logramos conectar con nuestra esencia, si pudiéramos por alguna clase de milagro reconocer nuestro "yo" bajo la mierda que dispersó el ventilador, nos veremos a nosotros mismos como seres únicos, tal vez a ratos medio culeros, tal vez a ratos no nos gustemos, tal vez a ratos entendamos que somos muy chingones y eso también está bien.

Entonces será que tendremos plena justificación de pararnos orgullos, erguidos, verdaderamente auto empoderados, de ver nuestro reflejo y decir sonriendo: "Espejito, Espejito…"

Capítulo VI

YA TE CARGÓ EL PAYASO

Todos quisiéramos que, al concluir un viaje, nos queden los más hermosos recuerdos y un dulce sabor de boca. Al regreso tendríamos tantas experiencias que compartir y recomendaciones que hacer. Lamentablemente en nuestro viaje llamado vida no importa qué tipo de viaje haya resultado ser el nuestro, simplemente no regresaremos para contar como nos fue.

Nuestra vida transcurrirá con todas sus aventuras, anécdotas, momentos felices y desgracias como un registro que solo nosotros llevaremos, nadie más sentirá el gozo de los buenos momentos ni el dolor de nuestras desgracias. Nuestras vivencias son solo nuestras y solo perceptibles por nosotros mismos. Los que nos rodean están haciendo un registro propio de su propia vida al que tu jamás podrás acceder. A pesar de que lo anterior es un hecho, y es tan importante como la vida misma, pareciera que nosotros vamos por la vida como si fueran los demás los que llevan registro de nosotros, como si hubiéramos delegado esa función en otros y nos olvidáramos de ir tomando notas como se debe. ¿Qué nos hace pensar eso? Bueno, la realidad es que ni siquiera pensamos. Tenemos que recordar que hemos sido idiotizados, condicionados a pensar solamente lo que conviene al "sistema".

Cabe mencionar que, si estuviéramos realmente pendientes de lo que está pasando en nuestra vida, estaríamos más alerta a vivirla plenamente. Tendríamos siempre en cuenta que ni la tenemos comprada, ni garantizada. Realidad: Podemos morir en cualquier momento.

En la prehistoria las personas vivían con un alto sentido de alerta todo el tiempo debido a la gran cantidad de depredadores y peligros que afrontaban a cada momento. La muerte era una certeza y era tan real como puede ser. La muerte, al estar tan presente en cada momento de su vida, los hacia más apreciativos de cada momento que lograban continuar viviendo. El simple hecho de tener que matar para vivir – ellos no compraban lo que se comían – les ofrecía una perspectiva única: estaban seguros de que podían morir en cualquier momento. Contrario a nuestro tiempo, en el que la muerte la concebimos presente solo cuando nos llaman a un funeral. No importa que conceptos de vida te hayan inculcado, ni religión, ni el dinero que hayas acumulado, la muerte es la única cosa segura que tendrás en la vida.

Reconócelo: Te vas a morir. Así de simple.

Desde que la vida floreció en este planeta, todas las especies desarrollaron un mecanismo de control: El miedo. Y es que sin el miedo tampoco pudiera ser posible la vida misma. No hablamos del miedo adquirido, hablamos del instinto que nos permite evitar el peligro, a nuestros enemigos naturales y por supuesto el miedo a de repente perder la vida. Sin embargo, encontramos una aceptación natural a la muerte en todos los animalitos. La muerte que viene ya después de haber cumplido el propósito de reproducirse y entonces envejecer. Pelean y hacen todo lo posible por mantenerse vivos mientras son jóvenes y fuertes, pero cuando envejecen se entregan resignados a la muerte. Los humanos mismos cuando ya están viejos sienten y aceptan que el fin es inminente. He conocido ancianos que ya piden el descanso.

El ser humano ha conocido la muerte en la vida diaria hasta hace relativamente poco – La muerte siempre ha estado aquí, pero como explicaré, simplemente nos negamos a verla -. A lo largo de la existencia del hombre, la esperanza de vida al nacer ha ido variando según la época. En el paleolítico, cuando vivíamos en las cavernas era de veintidós a treinta y tres años, en la edad de Bronce y Hierro era de veintiséis años – ya fabricaban armas -, en la Grecia clásica de veinticinco a veintiocho y hasta hace un par de siglos en Gran Bretaña era de solo treinta y un años.

Fue en el tiempo entre finales del siglo XIX y mediados del XX que la tecnología se desarrolló en prácticamente todo aspecto de la vida. La electricidad y un sinfín de nuevos aparatos se incluyeron en el hogar mejorando sustancialmente la calidad de vida de las familias. Con los descubrimientos médicos vinieron tratamientos e incluso se erradicaron enfermedades. Las innovaciones sanitarias bajaron drásticamente la mortandad infantil. La esperanza de vida al nacer de una mujer en Gran Bretaña paso de ser de 31 años en el siglo XIX a 82.9 años en el 2020. Nada mal.

Esto obviamente es un gran adelanto y muy buenas noticias para la humanidad. Las personas ahora podrían aspirar a morir de viejos. Ya nos acostumbramos tanto a la longevidad que cuando alguien muere antes de cumplir los cincuenta o hasta sesenta años, decimos sin dudarlo: "¡Pero si todavía estaba joven!".

Antes del siglo XIX la medicina era una ciencia que dependía de la química en el nivel que se encontrara. Los doctores recetaban remedios que eran elaborados casi de manera casera por químicos en sencillos "talleres" o laboratorios a los que llamaban droguerías o boticas. Cuando llegaron los grandes descubrimientos en química y biología surgió la creación de nuevos medicamentos que ahora se elaboraban de manera industrial, así fue como surgieron las grandes farmacéuticas. Estas farmacéuticas en poco tiempo reemplazaron a las droguerías y boticas, lugares donde se elaboraba de manera artesanal el medicamento, por tiendas donde se vendían los productos que ellos elaboraban. Surgieron las farmacias.

Al igual que todas las demás industrias, visualizaron un futuro con pocos clientes, pues como reza un dicho entre médicos: "Un paciente curado, es un cliente menos". No dudamos que los galenos tengan nobles intenciones, pero yo no he conocido un médico que haya curado a todos sus pacientes. Las farmacéuticas no solo produjeron medicamentos, sino que literalmente se apropiaron de toda la industria de la salud.

Hemos sabido que en la primera mitad del siglo XX se produjeron medicamentos que de hecho sí curaban enfermedades.

Edward Jenner, sin haber cursado estudios formales de medicina, creó la que sería la primera vacuna con la cual se convertiría en el hombre que más vidas ha salvado en la historia – Su descubrimiento erradicó la viruela -. Tal como él, muchos otros investigadores han hecho posible que enfermedades como el sarampión sean cosa del pasado.

Pero estos descubrimientos y tratamientos no eran del todo una alegría para la industria farmacéutica, pues nuevamente, si curas a un enfermo, ¿cómo podrás ya venderle medicina? Y así surgieron los "tratamientos" que aseguran una salud estable, pero solo con la ingesta de medicamentos por el resto de tu vida – Pregúntale a los hipertensos o diabéticos -. La pregunta valida es: ¿Cómo fue posible para hombres trabajando en las condiciones más rudimentarias crear medicinas que sí curaban? A las farmacéuticas no les ha sido posible crear medicina que realmente cure a pesar de contar con el mapa del genoma humano. La respuesta ya la conocemos: simplemente dan las nalgas por dinero.

A través del marketing, el conglomerado de intereses: La industria de vestir, farmacéuticas y por supuesto usureros en forma de bancos, nos han obligado a creer que, si reflejamos sus ideales en nuestra vida, y seguimos su modelo, viviremos más y mejor. Toda la publicidad tiene como objetivo hacernos ver a nosotros mismos como personas sanas y de larga vida. Piensa en esto: La persona que sabe que va a morir no hace planes a futuro y por lo tanto le vale madres las modas, los autos, las hipotecas y la opinión de los demás. Se concentra en disfrutar a sus seres queridos y hacer las cosas que siempre quiso hacer. En sentido contrario circula la mayor parte de nosotros, que vivimos como si nunca hubiéramos de morir, y eso es evidente en la manera como acumulamos cosas, deudas y conductas, que muchas veces son destructivas como los excesos.

Estamos tan ocupados en vivir según el "programa", que simplemente no tenemos tiempo para detenernos y pensar en lo desquiciada que está nuestra vida. Te levantas cada mañana y después de desayunar con prisas, te diriges a tu trabajo – hay personas que invierten hasta dos horas de camino – y al llegar has de pasar allí de ocho a diez horas y de nuevo pasar tiempo en el transporte para regresar a tu casa, agotado y con la expectativa de repetir la misma rutina al siguiente día. Y así por al menos cinco días a la semana. El sábado te levantas tarde y muy seguramente esperas la hora de sacar las cervezas y embrutecerte para olvidar lo jodida que es tu vida. El domingo es el día para el quehacer y las compras. Con una vida así, ¿Quién chingados tiene tiempo para detenerse a pensar? Claro que el ser una persona promedio significa que ya ni siquiera aspiramos a que nuestra esclavitud en el trabajo mejore mediante ser nombrado esclavo más importante con el sueldo que le acompaña.

Un poco de historia: Hasta hace poco, la esclavitud se aceptaba como parte del orden social. Hombres y mujeres secuestrados que eran forzados a trabajar y como única compensación recibían un lugar para dormir, comida, harapos para vestir y como premio si trabajaban sin ocasionar problemas, la oportunidad de pasar el día sin recibir su dosis de chingadazos, que violencia en lo general era el pan de cada día. Imagínate: Saber que la persona que escogías como amante o pareja de vida no era del todo alguien para toda la vida y que tanto la persona como los hijos que procrearas, pudieran y de hecho lo eran, ser vendidos a otros dueños que los arrancaban de tu lado solo para llevarlos de un infierno a otro. Abundaban los esclavos que rara vez veían a su prole, a su pareja y en la mayoría de los casos, nunca más.

Olvídate de tus sueños de fuga, ya que los secuestrados que intentaban escapar, eran terriblemente castigados en su primer intento, los reincidentes, si tenían suerte, eran colgados hasta morir, los más desafortunados eran despedazados por los perros que eran usados para perseguirlos – Los culeros que los azuzaban también eran perros los hijos de su puta madre -.

Y así esa barbarie fue prolongada por muchas generaciones. Se reconoce que desde los mismísimos orígenes del hombre ha habido esclavitud. En las constantes luchas por territorio y recursos, los guerreros vencedores tomaban cautivos a los perdedores dándoles la opción de morir o vivir esclavizados. Posteriormente surgió la esclavitud de aquellos que no podían pagar sus deudas e incluso hubo quienes se auto vendieron pues encontraban en la esclavitud la garantía de tener techo y comida mientras fueran útiles. Fue una aberración que incluso se intensificó con el descubrimiento y explotación de las Américas. De la historia registrada, jamás se había comerciado tanto con seres humanos como en la época de la colonia. Era ya tan generalizada que los gobiernos incluso legislaron a fin de regular tanto el comercio como la manera que debieran ser "administrados" los esclavos. Y todo ello por naciones "cristianas" o supuestas devotas de algún dios, que lógico, permaneció en silencio.

Llegó el momento que la cantidad de esclavos aumentó a tal grado que su fuerza bruta representaba un serio peligro para la población "libre". Las rebeliones colectivas y linchamientos de "amos" y capataces se repetían constantemente y de un lugar a otro. Había también muchas voces de pensadores que empezaban a levantarse contra tremenda injusticia. Entonces ocurrió el milagro que habría de dar más poder al esclavista y libertad a los esclavos. Pues fue que surgió el mayor timo en la historia de la humanidad: LA ILUSIÓN DE LIBERTAD.

Lo que sucede es que cuando tenías un esclavo estabas obligado a proveerle comida, techo, ropa y atención médica, con el obvio costo que eso significaba, por lo que tendrías que maximizar tus utilidades mediante mal alimentar, mal vestir, mal atender y hacinar a los secuestrados en barracas. La mayor parte del tiempo los esclavos – quienes se sabían forzados a trabajar -, necesitaban capataces que los estuvieran atosigando para que rindieran. Una granja con esclavos perezosos sería la ruina segura del "amo". Básicamente tener una plantación que diera utilidades requería sí o sí un sistema de control de esclavos muy eficiente – de ahí la crueldad -.

¿Qué pasaría - se preguntaron – si los esclavos se vuelven esclavos por su propia voluntad? Bueno, esa mamada no la plantearon de esa manera, sino como algo diferente: Hacerlos creer que eran libres.

Cuando Abraham Lincoln abolió la esclavitud, los estados sureños se revelaron y reventó la guerra civil misma que ganó el norte, proclamando libres a miles de secuestrados. Así que los derrotados sureños les dijeron a los esclavos: "¡Órale! a chingar a su madre, son libres. A ver ahora quien les va a dar de tragar ¡Pendejos!" y allí estaban los recién "liberados", en los polvorientos caminos, con sus brazos caídos a sus lados y sin nada que comer y con la única habilidad de trabajar en las plantaciones de las que recién los habían "liberado". Toma en cuenta que la inmensa mayoría ni siquiera sabía leer. Habían sido tan marginados que ni hablar bien sabían.

Los dueños de plantaciones fueron grandemente beneficiados sin saberlo. De un día para otro ya no tenían que satisfacer ninguna necesidad de su fuerza laboral, ni ser responsables por las personas a las que aún podían explotar. Con pagos ridículos por jornada, esos recién liberados regresaron a las plantaciones a trabajar, con la gran diferencia de que, al haber tanta mano de obra disponible y desocupada, pues se sintieron privilegiados por el solo hecho de que pudieran trabajar. Pero eso sí, del dinero que se les pagaba, ahora ellos debían cubrir sus gastos de ropa, comida y vivienda, misma que era vendida por sus ahora empleadores a un costo que no era posible pagar, manteniendo así a los nuevos y flamantes empleados endeudados. Negocio redondo.

Pareciera que todos nosotros somos descendientes de esos nuevos hombres libres, pues esa es exactamente la situación en la que nos encontramos. Las personas trabajan incansablemente y rara vez pueden alcanzar un nivel de vida promedio con el sueldo que perciben. Claro que no venimos de un estado de esclavitud literal como los otros, pero si hemos sido preparados en nuestros primeros años para que, al llegar a la edad de laborar, vallamos con gusto a ofrecer nuestra vida y tiempo a quien con un sueldo se asegurará de tener los mejores miembros de la "esclavitud moderna".

Son muy pocas personas que pueden proclamarse auténticamente libres. Es más, creo que la mayoría ni siquiera somos capaces de explicar que es libertad, mucho menos vivirla. Dentro de mis limitaciones simplemente diré: Si tú puedes dejar de hacer lo que estás haciendo y entonces tomar camino, e irte a un viaje a donde se te antoje, entonces eres libre. Pero si tienes que esperar vacaciones, que tu pareja esté de acuerdo, que alguien te cuide al perro o vigile tu casa, tú mi amigo, no eres libre.

Es más libre un perro callejero que vive cerca de alguna frontera y que enfila para ir al otro lado, ya que al ir para allá no necesita permiso cuando se disponga a cruzar el cerco, nadie lo va a detener, pero si tu tratas de cruzar una frontera sin permiso, lo más seguro que es que te darán pase de vuelta si es que no te disparan en el intento. Es triste, pero es verdad. De la misma manera con todo otro aspecto de nuestra existencia. Los animales silvestres no necesitan permiso para cazar, ni para comer de los frutos y plantas en su entorno y mucho menos para cruzar fronteras. Básicamente, nos han puesto en una gran jaula virtual en la que no podemos hacer nada sin el permiso de las grandes corporaciones, de los intereses creados y de nuestra vieja. Se ha diseñado un plan de vida para todos y justamente se espera que todos lo sigamos, produciendo productos y servicios que otros adquirirán mientras nosotros adquirimos los de ellos y así ser parte del círculo vicioso más vicioso de historia. Claro que ese círculo produce grandes utilidades a las mentes maestras cuyo único trabajo es tramar maneras de controlarnos cada vez más.

Uno de sus grandes trucos es crear un concepto de vida ideal: Naces, te educas, te entrenas. Ingresas a la fuerza laboral y aún antes de que te contraten ya saben cuáles son tus características como mueble de trabajo. Por ello exigen para contratarte que tengas al menos cierto tipo de adoctrinamiento – la escuela -. Van formando un perfil psicológico y laboral que les permite ver las posibilidades de cómo te habrán de usar y así proyectar que tipo de ganancia será la que les proporcionarás.

En el camino se asegurarán de que ya tengas preconcebida una forma de vida que disfrutarías si sigues fielmente el "programa": Una carrera – como galgo – prometedora que te permitirá "realizarte" profesionalmente, Una casa bonita y blanca rodeada de jardines y adornada con una hermosa mujer y preciosos hijos, un automóvil y ¿Por qué no? Hasta un velerito para fabulosas vacaciones. Y allá vas, con tus ilusiones a vender tu alma al diablo. ¿Recuerdas que te mencioné que había personas que se auto vendían para asegurar sustento? Bueno, creo que entiendes la indirecta.

Cuando solo sabes trabajar en una plantación, no sabes leer y, además te mantienen marginado y mal tragado, no hay muchas opciones en tu mente para escapar de tu situación. Sucede que ese es exactamente tu caso.

Tus "dueños" se aseguran de que lo que ganes trabajando apenas te ajuste para sobrevivir. Adquieres un entrenamiento que te permitirá trabajar solo para ellos, de tal manera que si abandonas el trabajo, te encuentras de repente sin ingresos para pagar tu mísera existencia y la de los tuyos, sin contar que a la vista de los demás posibles empleadores, pues no sabes leer ya que tu entrenamiento en tu anterior trabajo no les es útil a ellos. A menos claro que vallas a otra plantación, pero te debes asegurar que tu anterior "dueño" te recomiende. Ósea, que hasta para mandar a la chingada a tu actual patrón, le tienes que pedir permiso, de lo contrario, olvídate de trabajar en la misma mamada. Es por eso por lo que millones de personas simplemente se resignan a continuar colaborando hasta que después de 30 años, los mandan a descansar con una pensión mísera - si existe en tu país -. O de plano vivir lo que te queda mendigando a los parientes que aún trabajan.

Todo lo anterior no es tan sencillo como parece, pues el "sistema" ha sido diseñado a través de miles de años, entrelazando muchos factores que hacen posible el control total de tu vida. Por ejemplo: Las personas se entregan al trabajo durante 6 días – 5 en el caso de los Godínez - y durante ese periodo su mente está tan enfrascada en cumplir su propósito que simplemente no piensan en más cosas salvo una. El fin de semana.

Todos los que somos o hemos sido empleados, estamos conscientes que cada vez más personas con nuestro "perfil profesional" ingresan en el mercado laboral. Y obviamente al haber más como nosotros, nuestra pericia o "expertise" se abarata, poniendo en riesgo nuestra posición laboral. Si nos despiden, seguramente van a encontrar a alguien que esté dispuesto a trabajar más, y por menos dinero. De hecho, hay gente esperando y pidiéndole a su dios que te despidan. Hay en ti un temor inconsciente de quedarte sin trabajo así que "te pones la camiseta" y te esclavizas aún más, llegando a ser como aquellos esclavos que rara vez veían a su familia. De la chingada, ¿verdad?

Súmale el hecho de que una vez entras en la seguridad de un trabajo "estable", te sientes empoderado para adquirir los compromisos financieros que te permitirán alcanzar el nivel de vida que crees merecer. Inicia el circulo de endeudamiento que te acompañará por el resto de tu pinche vida. Muchos de nosotros al recibir el sueldo, prácticamente ya lo debemos. Hay que pagar la hipoteca, el abono de la ropa, el mínimo de las tarjetas de crédito y hasta el dinero que pedimos prestado para completar la quincena. Hay que recordar que mucha de nuestra deuda es motivada por querer obtener un estatus o un nivel de vida que matemáticamente está muy fuera de nuestro alcance. Es debido a tanta mierda que nos meten en la mente desde niños con su embrujo marketero, que siempre terminamos gastando lo que no tenemos. El invento de los meses sin intereses te hace viajar y comprar pidiéndole prestado al futuro. ¿Ves cómo nos hemos olvidado de que vamos a morir?

Lo realmente irónico es que cuando alcanzas cierta edad, ya trabajando a todo vapor te das cuenta de que tus "dueños" obtienen ganancias fabulosas, pero a ti te limitan lo que has de ganar. Te consuelas a ti mismo con el cuento de que ganas más que los demás infortunados como tú, pero internamente te empieza a amargar el ver como derivado de las ganancias de tu trabajo, otros viven vidas que tu solo sueñas, y que tú mismo no eres capaz de proveer "decentemente" a ti mismo o a tu familia según el estándar que te han impuesto.

Yo recuerdo que cuando niño, mi padre con su solo sueldo era capaz de sostener una familia de diez, él, mi madre y mis siete hermanos. Mi madre trabajaba en el hogar atendiendo a los hijos. Evidentemente aquel nivel de vida era muy sencillo, pero no recuerdo a mis hermanos quejarse de haber ido a la cama con hambre. Muchos de mi generación - los nacidos entre 1946 y 1964, Baby Boomers -, aún recordamos que solo teníamos un par de zapatos, ropa de diario y la ropa del domingo. Nosotros jugábamos en la calle y nuestros juguetes eran lo que nosotros mismos improvisábamos. Un simple trozo de madera pudiera ser un carrito o un avión. Ni siquiera se nos ocurría pedir tenis de cierta marca – ni existían -. No perdíamos el tiempo frente a consolas de juego, es más, eran pocos los que tenían televisión. No creo que esas limitaciones fueran causa de un crecimiento deficiente. De hecho, fueron esas limitaciones las que forjaron personas con carácter.

Fueron las innovaciones en la tecnología y el refinamiento del marketing las que nos trajeron las marcas "cool" y claro, los aparatos tan "necesarios" para la vida moderna.

De repente el ama de casa ya podía delegar el lavado de la ropa a una máquina, y el hogar se fue adornando con lo último en radios, tocadiscos y por supuesto, televisores.

Aún recuerdo que cuando uno se casaba, los muebles necesarios para tu casita eran solamente una estufa, un comedor y por supuesto, la cama. Hoy para casarse quieren: Una recamara, un refrigerador, microondas, una televisión inteligente, y un montón de chingaderas que hacen la lista larga.

Por supuesto, para mantener los nuevos hogares, con sus muebles y suscripciones a tanta cosa "necesaria" como internet, Netflix, HBO y cuando se tienen niños, Disney Channel, hay que ganar un buen sueldo. Lógicamente mi padre no ganaría suficiente si en este tiempo quisiera proveer lo anterior. Así que, si viviera en este tiempo criando hijos, pues simplemente haría lo que millones de familias hacen: Tener que esclavizar a la pareja, misma que en estos tiempos va con gusto a formar parte de la fuerza laboral, sabiendo que su sueldo contribuirá al "bienestar" familiar. "¡Son tantas las cosas que los niños necesitan"! Dirán los dos suspirando, sabiéndose presas del sistema. Trabajarán duro para adquirir las cosas que harán ver su casa bonita. Hay que tomar en cuenta que TODOS queremos que los demás piensen que nuestra vida está a toda madre.

Recordemos que los villanos aquí son los artífices del sistema de control. Los güeyes que inventaron la política y la religión, las corporaciones. En fin, toda esa bola de hijos de la chingada cuyo único interés es acumular dinero, mostrar números felices a sus accionistas, pues no se han conformado con vender sus nalgas por dinero, con jodernos de manera individual, sino que han jodido el refugio emocional más efectivo que nos ha regalado la evolución: la familia.

Pero como que algunos estamos despertando, aunque no plenamente. Andamos en el momento que abrimos los ojos y no sabemos dónde estamos. Cómo cuando nos despiertan a media siesta y preguntamos "¿Qué pedo, que pasa?"

Por eso es común ver a personas en edad madura haciendo de muy mala gana su trabajo y los tachamos de amargados. No reconocemos que esas personas ya están despertando, ya se están dando cuenta que han sido estafadas y que el concepto de vida que les indoctrinaron solo les chingó la existencia. Sienten que ya es demasiado tarde para revelarse y continúan esclavizados ansiosos de jubilarse para ver si ya lejos de su trabajo, se olvidarán de cuan duro se los cogieron. Para solo encontrar que su jubilación tampoco les alcanzará para vivir la vejez ideal. Una vez más, han sido jodidos.

Todas las especies cumplen el propósito que genéticamente ha sido delineado para ellas. Se puede observar que cada una de ellas hace lo que simplemente tiene que hacer. En los mamíferos se observan madres ayudando a sus crías a ser independientes, ya que eventualmente abandonarán el núcleo o nido y andarán sus propios pasos, fuertes, firmes y encarando con su propia esencia e instinto los retos de la vida.

Ya hace mucho que tú y tu especie han dejado de dar pasos firmes, es más ya ni siquiera das pasos. Eres como esos vaqueros que, al entrar al ruedo a retar al toro, en tu intento de agarrarlo por los cuernos eres herido, y allí herido e incapaz de incorporarte necesitas de un payaso que distraiga al toro y que te cargue para sacarte del ruedo. Ya no eres capaz de sostenerte y dar pasos a tu resguardo, otros los tendrán que dar por ti, y si acaso aturdido preguntaras: "¿A dónde me llevan?" Simplemente te contestarán alegremente: "¡Si ya te traemos!"

Dicho simplemente: ¡Ya te cargó el payaso!

CAPITULO VII

NO SÉ, NI ME IMPORTA

Somos poderosos, somos inteligentes, somos únicos y somos bien chingones. Eso nos gusta pensar cuando vemos nuestro reflejo en el espejo. Y es lógico que pienses así, y más si esa conclusión nace después que te has recuperado de una crisis de autoestima. Te aclaro: Desde pequeño los adultos han puesto metas ante ti, metas que debes alcanzar con un mínimo de calificación o estándar, por lo que en tu infancia y adolescencia continuamente te están midiendo – tu calificación - y te están comparando – el estándar -, por lo que tus primeros años transcurren en un constante bombardeo de inseguridades, pues no es muy alentador pertenecer a la mayoría que nunca logra dieces o cienes o que no se pertenece al grupo de los genéticamente "agraciados". Tus padres refuerzan el adoctrinamiento de los poderosos diciéndote que si no cumples ciertas metas no podrás ser feliz, que para llegar a ser alguien necesitas completar el "programa" inicial: La educación "básica" y para cristalizar tus sueños, la educación "superior". Atacando por otro frente, tenemos al sistema de cosas que con su marketing nos dice constantemente lo que ser "hermoso" representa, cual es el modelo que seguir en "belleza", cual es la manera de vestir que define a las personas "cool".

Hay un tercer elemento muy poderoso: La presión de tus pares, básicamente: La opinión de los demás.

La búsqueda de aprobación de los demás está en nuestros genes, pues como ya he mencionado, estos aseguran su permanencia motivando en todo ser vivo el deseo de existir y continuar existiendo por medio de su prole. Así que han desarrollado durante miles de años, diferentes mecanismos que obligan a los seres vivos a cumplir esa meta. Si observamos a todas las especies que manifiestan patrones de conducta – obvio, las plantas no -, notaremos que TODAS tienen un objetivo predominante, el sexo. ¿y eso que tiene que ver con la aceptación de los demás? Mucho. En las estructuras sociales más básicas, como la de los primates, los individuos, especialmente los machos, desarrollan tanto fuerza como agresividad para con sus pares, con la finalidad que el grupo los perciba como ejemplares idóneos para reproducirse. Los machos con esta reputación disfrutan de privilegios que los parias o débiles del grupo nunca tendrán, como acceso a los mejores alimentos y por supuesto, las hembras del grupo.

Hubo un tiempo que los recién estrenados hijos del homo sapiens, vagaban por la tierra en busca de alimento, persiguiendo manadas para cazar y recolectando frutos silvestres. No eran muy diferentes en sus conductas a sus primos hijos de la changada. Empezaron a diferenciarse de ellos desde el momento en el que le perdieron miedo al fuego, mismo que después fueron capaces de producir, dando paso a otros tantos descubrimientos tales como la elaboración de armas rudimentarias que facilitaban tanto el cazar, como el imponerse a sus enemigos y defender sus posiciones territoriales.

Los eventos que llevaron a la humanidad a ir evolucionando, no se dieron en la generalidad de los primates, como muchos piensan. Se fueron dando en grupos aislados que a su vez fueron siendo los más aptos para sobrevivir diferentes circunstancias. Por ejemplo, de los cientos de grupos de homínidos que había en la tierra, fue un solo grupo el que le perdió en cierto momento el miedo al fuego. Un escenario imaginado: Está haciendo mucho frio, y una manada de homínidos está acurrucado temblando bajo una tormenta helada. Cae un rayo cerca de ellos e incendia un árbol. Perciben que el fuego al que tanto temen les está proporcionando un agradable calor. COMPRENDEN que el fuego es malo cuando están en medio de él, pero que a cierta distancia es agradable y salvador.

De modo que después ya no solo no le temen, sino que cada vez que hace frio y hay fuego, se acercan a él. La descendencia de esos individuos creció ya sin el miedo al fuego. Ese grupo se multiplicó y se formaron otros grupos que ya no le temían al fuego. En alguna generación y grupo posterior, hubo un primo que descubrió como producir fuego o como trasportarlo y la historia se repitió pues ese grupo transmitió a sus descendientes la comprensión de ese elemento candente. Ese grupo se multiplicó y en alguna generación después, se aprendió a cocer el alimento, y en alguna generación después, a elaborar flechas y creo que en este punto ya entiendes la idea. Esta constante de descubrimientos, innovaciones se fue dando de generación en generación al punto que tomó miles de años acumular conocimientos que ahora consideramos muy rudimentarios, pero que para aquellos antepasados nuestros significaban lo que hoy son para nosotros los logros de viajar en el espacio.

La innovación más chingona de la humanidad fue el surgimiento de la escritura. Le digo innovación por que más que un invento, fue simplemente la evolución del proceso más rudimentario de comunicación escrita que había en ese entonces: Los dibujos descriptivos, mismos que se hacían sobre piedra – las pinturas rupestres -

Aun cuando el homínido evolucionó al punto que se le reconoció como homo sapiens - hombre sabio – su manera de vivir estaba en plena armonía con su entorno. Simplemente nacía, crecía, se reproducía y moría. Una vez que completaba este ciclo, las evidencias de su existencia persistían solo el tiempo que tardaba su cuerpo en integrarse a la tierra – cuando se lo tragaban ni evidencia existía -. Los conocimientos que en ese entonces poseían se transmitían de manera práctica y oral – recordemos que ya contaban con un lenguaje hablado – pero con la llegada de la escritura, los conocimientos persistieron de manera poderosa. Ahora la memoria colectiva no estaba sujeta a que el grupo sobreviviera. Ahora se podría registrar y acumular el conocimiento de una manera que pudiera ser aprendido, procesado y enriquecido. Ahora solo restaba que los individuos supieran leer y escribir.

La escritura dio no solo la posibilidad de registrar conocimiento, pues a medida que evolucionó de un rudimentario modo de describir situaciones de vida a uno más complejo, pudo hacer descripciones exactas de conceptos e ideas y nació junto con esta complejidad la historia misma.

El hombre ahora era capaz de registrar su paso por el mundo. Tenemos que comprender que a este proceso le tomó miles de años. De simples dibujos descriptivos, se pasó a los jeroglíficos, dibujos que representaban conceptos abstractos y posteriormente se inventaron los gráficos que representaban sonidos fonéticos – los alfabetos – Por supuesto que esta evolución se dio como todas las demás, de manera aislada en cada grupo, por ello vemos tantos idiomas, tantos alfabetos, tantas maneras de escribir y tantos símbolos. Lo importante aquí es comprender que el hombre estaba listo para dar otro paso en la importante misión de joderle la vida a su descendencia: El conocimiento condicionado.

El hombre aprendió desde sus inicios que el conocimiento es poder. Piensa: Hubo un tiempo en el que la fuerza y habilidad para pelear del macho era el diferenciador más importante. Cuando el primer grupo que había perdido el miedo al fuego aprendió a hacer fuego, también descubrieron que habían adquirido un poder especial cuasi mágico. Ya podían transportar el fuego y por lo tanto lo usaron para alejar a sus enemigos naturales, los animales salvajes de otras especies, así como a los otros hijos de la changada.

Nota intermedia: Algunos de nosotros hemos tenido la oportunidad de ver la película de Stanley Kubrick, Una Odisea En El Espacio, estrenada en 1968. En una de sus primeras escenas, se mira a un grupo de homínidos conviviendo en una charca en medio de una zona árida, cuando llega otro grupo con miembros más fuertes y los expulsa quedándose ellos con el dominio del agua. En otra escena se observa a los expulsados, y mientras todos están apachurrados pensando que se los habría de cargar la chingada sin agua, uno de ellos tiene una epifanía - una de esas revelaciones, como cuando se te prende el foco - y aprende el efecto que tiene un hueso de fémur sobre un cráneo y ¡Voila! DESCUBRE la primera arma de la historia. Ya armados con huesos y palos se regresan a la charca y, ¿Qué crees? Pues le dan en la madre a los intrusos y los mandan a la chingada. Nace en los recién empoderados changos el concepto del poder. SABER lo que se puede hacer con una herramienta hizo la diferencia.

De modo que nuestros antepasados recién empoderados no fueron por el mundo predicando las buenas nuevas del fuego, del garrote, del arco y la fecha. Mas bien consideraban este conocimiento algo sagrado que debían conservar para sí mismos. Hay registros que indican que, si un individuo de otro grupo se acercaba para aprender, se le consideraba espía y se le ejecutaba. No podían darse el lujo de compartir sus conocimientos con otros grupos, pues eso les quitaría la ventaja única que tenían sobre los demás. Eso era lo relativo a otros grupos, pero dentro de los grupos, algunos miembros entendieron desde un principio que el que tenía el garrote más grande, daba los putazos más fuertes, así que con el mismo celo que resguardaban su arco y flecha favoritos, así también había conocimiento que reservaban para sí.

Aunque existías en esos grupos como miembro y tu participación era valiosa en la supervivencia de todos, también comprendías de manera instintiva que tu propia prole debía subsistir antes que los demás, así que te asegurabas de que tus hijos supieran cosas que los demás no, y de esa manera ya estabas pensando en que en el futuro tus hijos habrían de luchar por las posiciones de poder en el grupo. De igual manera los lideres y chamanes comprendieron que las explicaciones de los misterios de la vida – lo que ellos entendían - resultaba un poder sobre los demás, así que no le apostaron a la evangelización, sino que también se lo reservaron. Tanto los padres, como lideres y chamanes comprendieron que lo que pudieran transmitir a otros, eran conocimientos generales que aportaran lo necesario para la supervivencia del grupo, pero el conocimiento profundo de las cosas, ese que de verdad empodera, debía ser guardado celosamente.

Por la razón anterior, fue que los conocimientos de lectura y escritura se transmitían solo a aquellos que estaban en una posición de poder. Recordemos que las posiciones de liderazgo tenían que ser legitimadas y que eventualmente el conocimiento era el combustible de esas posiciones. Los chamanes convertidos en sacerdotes eran los guardianes de ese conocimiento y por supuesto que el resto de la gran mayoría no sabía leer, mucho menos escribir.

Con la posibilidad de registrar todos los eventos, y sobre todo los conocimientos, fue posible la evolución de materias como la aritmética, geometría y por supuesto, astronomía. El conocimiento del movimiento de los cuerpos celestes empoderó aún más a la clase privilegiada, pues ahora podían predecir las posiciones de los planetas y de esa manera subyugar la imaginación de los ignorantes, elevándose a sí mismos por sobre los demás como seres "divinos". Nacía la astrología.

Como recordarás, los lideres civiles necesitaron legitimarse y las religiones les dieron esa legitimidad ante la gente. Ya vimos que los chamanes y después las clases sacerdotales les otorgaron el derecho "divino" de gobernar sobre el resto de los infelices que se tragaron sus cuentos. Pero para nuestros parientes lejanos en el pasado, más inteligentes que sus vecinos, surgió la pregunta: ¿y a estos quién los legitima? Algo así como cuando fuiste a la tienda de tu barrio por primera vez queriendo que te dieran a crédito las tortillas, y cuando te preguntaron: "¿Quién responde por ti?" Con seguridad contestaste: "Mi compadre" y como cubeta helada te dieron para atrás diciendo: "¿Y quién responde por ese cabrón?". Del mismo modo, ¿Quién respondía por la religión?

Cuando la sencillez de los mecanismos en las armas se generalizó, hacia finales del siglo XIX, las personas entendieron que con el conocimiento relacionado con esas armas se lograba eliminar todo tipo de diferencias de fuerza entre los hombres, por ello se acuñó la frase: "Dios creo a los hombres, pero Sam Colt los hizo iguales". Una vez que cualquier persona se hacía hábil manejando su celebre revolver Colt .45, el poder letal que llegaban a poseer era exactamente igual al de cualquier otro hombre armado. Una vez más, al igual que en el caso del fuego, se demostró que el conocimiento es poder.

La preocupación constante de la clase religiosa eran aquellos vivillos que de alguna manera u otra conseguían asegurar algún tipo de conocimiento, cuestionando vez tras vez los argumentos de los llamados "sabios", así que forjaron a través de miles de años las filosofías y explicaciones de lo desconocido, además de trucos mágicos que los presentaban ante toda la bola de supersticiosos ignorantes como seres especiales. La astrología les dio la herramienta más poderosa, ya que el conocimiento de las letras aunado con el entendimiento de la mecánica celestial, los hacia prácticamente seres divinos - "ni hablar mujer, traes puñal" -.

Si a lo anterior agregas como cereza del pastel, el hecho de que aquellos "sabios" acumularon conocimientos médicos y técnicos siendo los únicos capaces de entender en buena medida la anatomía humana pudiendo elaborar pócimas que curaban y venenos mortales, y teniendo la ciencia detrás de sus grandes obras civiles – pirámides, puentes, palacios, presas y así por el estilo, pues ya estaba más que establecido ante los demás que tenían poderes sobrenaturales. Por otro lado, la genialidad de su gestión en el dominio de las mayorías era que comprendieron desde un inicio la naturaleza de los instintos primitivos, tales como: La sumisión, la lealtad de manada, la necesidad de aceptación, el sentido de pertenencia y la joya de la corona, la sexualidad.

Los conocimientos fueron transformados de ser una herramienta fundamental para la vida, a herramienta de control total. Hubo en ciertas épocas en las que el conocimiento universal creció, como en los tiempos Helénicos y Romanos, pero siempre bajo resguardo de las clases privilegiadas. De hecho, encontramos en la historia que hubo un periodo de más de mil quinientos años donde la clase clerical escondió el conocimiento, persiguió con encono la inventiva, y hasta con penas de muerte suprimió la investigación y la divulgación científica. A ese periodo se le conoce como el obscurantismo.

Pero al igual que todas las grandes pendejadas del hombre, pues no había manera que tal estupidez se perpetuara para siempre. La época que le dio en la madre al obscurantismo fue el Renacimiento, encabezado por grandes pensadores como Leonardo Da Vinci, Leonardo de Roterdam y muchos otros. A los hipócritas clérigos hijos de su chingada madre no le quedó más remedio que mostrarse "benévolos" y empezar a relajar sus leyes anti herejes, no sin antes darle por siglos caricias en forma de tortura a todo librepensador que se encontraban – Cabe mencionar que cuando el famoso "Santo Oficio" procesaba un hereje, siempre lo encontraba culpable del grave pecado de disentir, procediendo a la confiscación de todos sus bienes. Otro pinche negocio redondo -.

Como he comentado anteriormente y la historia lo demuestra: La religión siempre ha estado cogiendo con la política. Aquellos celosos guardianes del conocimiento se confabularon – una vez más – con sus amantes políticos e iniciaron la "generosa" labor de compartir el conocimiento. Primero a la burguesía que los favorecía económicamente, luego con los terratenientes y por último con la gente común. Este proceso tomó varios siglos, tiempo que les tomo en refinar la manera que habrían de dar en cuentagotas ese conocimiento. Surgieron los "programas educativos" que los gobiernos civiles proporcionaron a la población en general, siendo obligatoria hasta el día de hoy. Esos programas nunca han tenido como objetivo el real desarrollo humano, centrado en el bienestar del individuo, sino en el "desarrollo" de la sociedad o colectivo, centrado en el apuntalamiento del poder de los reyes de la tierra.

Hemos llegado al punto en el que la formación "académica" tiene como solo propósito cosificar a los individuos, de allí que el conocimiento sea condicionado a ser provisto teniendo en mente encajonar al individuo en una posición especifica en la gran maquinaria demoniaca de hacer dinero – eso de demoniaca es solo para darle dramatismo a la expresión -.

Hoy la humanidad se encuentra en la cúspide de conocimiento, puesto que sus logros a la fecha ya no los imaginamos superables. Hubo un tiempo en el que el hombre aspiraba a volar, y no solo logró volar, sino que se remontó hacia las estrellas y visitó Selene. Un tiempo aspiraba a desarrollar métodos de comunicación a distancia y ahora ya es difícil imaginar una manera más eficaz para acortar distancias que los que hay hoy día. Miles de años la sola manera de funcionar del cuerpo humano era un gran misterio para la mayoría y hoy se han desvelado los secretos del genoma humano.

Pero como todo lo que hace el hombre motivado por el dinero, todo lo anterior lo ha convertido en puras mamadas.

Desglosemos: Llegamos a la luna – la jalada es hacernos creer que "llegamos", de la misma manera que decimos "ganamos" cuando el equipo de futbol en la televisión gana un partido, ambas igual de ridículas como cuando alguien ve porno y dice: "cogimos" -. Bueno, unos valientes llegaron a la luna, ¿y? Eso representa una serie de tremendos avances científicos y técnicos, ¿y? Esos avances técnicos y científicos solo beneficiaron a aquellos que los comercializaron y crecieron sus grandes fortunas. No vemos a la generalidad de la población disfrutando de esos avances. Si no me crees, date una vuelta por los países al sur del ecuador, empezando por el continente africano.

Las personas al norte del ecuador disfrutan de muchos métodos avanzados de comunicación. Desde correo electrónico, mensajería instantánea, video conferencias en la palma de tu mano mediante un teléfono inteligente que hace maravillas. ¿y? No somos capaces de comunicar los más sencillos limites en nuestras relaciones personales mucho menos empatizar con esas sociedades menos "desarrolladas".

Los laboratorios han descifrado los misterios de la genética y han sido capaces de mapear cada órgano de nuestro cuerpo ¿y? La medicina ha sido desarrollada como mercancía que ha de generar riqueza solamente. La nobleza y visión humana del gran médico Hipócrates ha sido hecha nada cuando vemos los padecimientos de millones de personas alrededor del mundo. La salud ha sido convertida en el "software" del que se cobra una renta mensual para ser mantenida al día – vuelve a preguntar a un diabético, enfermo de cáncer o de la presión cada cuando se toma su "actualización" -.

Por supuesto, El conocimiento es en sí mismo un tesoro invaluable. El problema radica en que como todo lo bueno que ha habido en la naturaleza, la ambición humana lo ha convertido en un espejismo construido de pura caca. Te ilustro amable y educado lector: Si estas en estado silvestre, el conocimiento te alimenta, te abriga, te sana y te salva la vida. Ya que el saber donde buscar frutos y yerbas, o saber cultivarlas y cosecharlas garantiza tu pancita llena y corazón contento. Saber cómo producir fuego, curtir pieles y escoger o construir viviendas te abrigan. Conocer la más elemental botánica te da remedios para paliar tus males y a su vez conocer y reconocer los peligros, pues evita que te des en la madre o entregues tu cuerpecito a las fauces de una fiera salvaje.

De ser algo tan lindo, paso a ser lo más vano. Pues al final del día, no sirve más que para integrarnos como ladrillos del castillo de alguien más. El orgullo pendejo de todos nosotros es creer que el conocimiento que nos han dado ha de cumplir con lo descrito en la anterior ilustración, cuando en realidad no sirve para nada que en realidad cuente. ¿De qué te sirve ser ingeniero en redes, software o comunicación satelital, cuando se va la luz? Parece una pregunta idiota, pero deveras, ¿Qué pasa cuando la vital energía eléctrica se va de tu vida? Basta ver lo aterrados que andamos cuando se nos va el internet.

Observa lo siguiente: En los ecosistemas silvestres no hay funciones ajenas a las más elementales y naturales, funciones que tienen miles y miles de años. Escoge un lugar aislado en el Amazonas, donde no hay influencia de la "civilización". Si volviéramos a ese mismo lugar, digamos mil años después, encontraríamos un ecosistema autosustentable que no ha cambiado gran cosa, y si cambia, rara vez es para mal. Las especies se fortalecen y la biodiversidad florece. Las personas que han vivido allí por esos últimos mil años habrían estado integrados a ese ecosistema, viviendo según el conocimiento practico, seguramente con una o dos innovaciones en su estilo de vida, pero seguirían en armonía con la naturaleza.

Ahora quiero que veas el mismo ecosistema, introduce a tus amigos, vecinos, jefes e ideas pendejas que los acompañan. Vuelve mil años después. ¿Qué encontrarás? Que todo el ecosistema hermoso y silvestre se ha convertido en un gran caño que no servirá para sustentar la vida de tus descendientes.

En el primer ejemplo, no encontrarás abogados, ingenieros, terapeutas, maestros, catedráticos, gerentes, directores de relaciones públicas y licenciados de cualquier profesión. Todos ellos serian organismos frágiles que no durarían más tiempo que lo que su cuerpo soportara el hambre, la sed, el frio o el apetito de la primera fiera que se toparan. Lo anterior solo te da una idea de lo inútil que es el conocimiento que se atesora actualmente. Simplemente no está apto para sobrevivir.

Una muestra: Los avances tecnológicos de los últimos doscientos años nos han alejado de nuestra naturaleza primitiva de una manera que es prácticamente imposible el regreso a nuestro estado más humano. La industrialización de todo aspecto de la vida ha dejado un enorme cumulo de residuos imposibles de reutilizar, ocasionando el desastre que representa la contaminación ambiental. El manejo de nuestras actividades ha impactado a TODAS las demás especies del planeta, extinguiendo algunas, poniendo al borde de la extinción a otras. Las relaciones humanas son cada vez más frías y lejanas. De ser enseñados por nuestros padres, hemos pasado a ser "influenciados" por idiotas que más que enseñar, nos idiotizan aún más.

El ser humano se ha alejado sin querer, de la esencia que le permitiría sobrevivir como el ser más apto. No, no somos los más aptos para este planeta, somos los menos aptos. Pregúntenle a las hermosas vaquitas, tan lindas y nobles, a las gallinitas y a todas esas especies a quienes les robamos la dignidad de su estado salvaje y libre. Nos las tragamos de una manera cobarde gracias a la industrialización, pues el conocimiento nos enseñó como ensañarnos con esas especies. Eran más felices cuando simplemente las cazábamos, pues éramos seres poderosos que corrían con mamuts y al menos tenían la oportunidad de correr libres y morir solo como resultado de una lotería natural. Ahora somos seres frágiles que no matamos un ratón sin asustarnos, y que ahora nos limitamos a comprar paquetes de carne que conseguimos en el supermercado que a su vez la compra de otros pendejos que las han mantenido presas, tristes, secuestradas para después asesinarlas. Gran diferencia.

Entre paréntesis diré que, a pesar del conocimiento disponible, se nos olvida que la humanidad completa es una fracción infinitamente pequeña viviendo en un planeta infinitamente insignificante junto al enorme tamaño del universo, de tal modo que, si el universo tuviera conciencia, pues simplemente le valdríamos madre tal como a ti te vale madre la vida sexual de los ácaros en tu rostro. La diferencia estriba en que tú ya te estás haciendo una imagen en tu mente de dos ácaros dándose una revolcada, mientras que al universo le vale completamente madre tu planetita, tu solecito y especialmente, le vales madre tú.

Se que te has esforzado mucho por aprender todas las mamadas que te enseñaron. También sé, que al igual que yo, esas mamadas te han ayudado o conseguir todas esas cosas inútiles en tu vida, mismas que atesoras como si fueran eternas. Tal como le dijeron a Neo en la película "The Matrix" de las hermanas Wachowsky: "Te tengo malas noticias". A pesar de todo el esfuerzo que has hecho, te vas a morir ignorante, pues si este pinche desmadre de cosas colapsa, no estarás apto para sobrevivir. No sabes cazar y todo lo demás que ya te estarás imaginando. Preferible saber trabajar la tierra y cazar, aunque me digan ignorante por no tener ninguna licenciatura. Preferiblemente que me digan apático por ver este sistema de cosas como algo pasajero destinado a la extinción - sería la sexta -

Al ver el cúmulo de conocimiento superfluo que ha acumulado la humanidad y que solo sirve para beneficio de unos pocos, pero que impacta de manera negativa a la inmensa mayoría de especies, no queda más que desear ser ignorante y apático e ir por la vida sin rumbo diciendo: "No sé, ni me importa".

Capítulo VIII

EL PODER DE LA VERIJA

No creo que exista nadie que pueda refutar el hecho de que la cogedera es el motor más poderoso detrás de todas las motivaciones humanas, y de las demás especies también. Todo ser vivo que se reproduzca mediante el acto sexual hará todo, pero todo lo posible para llevar a cabo esa tarea exquisita de copular. ¡Pondrá en riesgo su propia vida con tal de echar un polvo! Es algo tan universal y omnipresente que debiera ser el acto más natural de vivir y de mirar. Observando podemos ver que, si un par de gorilas está copulando, lo hacen sin importar que estén solos o haya más miembros del grupo. Sin miedo al qué dirán y sin mancha a la reputación de ninguno. Claro que es un acto que todas las especies sexuales disfrutamos y eso también es una motivación, por eso muchos hemos buscado pareja para solo juguetear, sin pensar en reproducirnos. Bueno, creo que puedo aseverar que el noventa por ciento de los seres humanos que actualmente habitamos el planeta, hemos nacido como sola consecuencia de que alguien se aventó un palito. Básicamente casi todos somos consecuencia del calentamiento global – ja, ja, ja y más ja-. Es cierto, los genes impulsan a todas las especies a reproducirse, pero en el caso del ser humano, la reproducción viene además motivada por el simple placer de copular.

En este mundo lleno de contrastes y demasiada información una de las cosas más difíciles es tener un punto de vista equilibrado. En relación con los contrastes, nos referimos a las posiciones relativas que las personas tienen en la vida. No es posible que la información que recibimos sea la misma si nuestra posición es de poder o de vasallo, si tenemos cierto grado de riqueza o somos muy pobres. Está por un lado el conocimiento condicionado que se nos provee y por otro lado el conocimiento disponible que nosotros nos procuramos. En medio de estos dos viene el conocimiento colectivo, ese que los subyugados se comparten con la finalidad de entender, aceptar o para intentar revertir el sistema.

Es muy importante entender lo anterior, pues eso nos ayudará a determinar lo jodido que estamos y el grado de apendejamiento que tenemos.

Simple biología: Los primates – los pongo de referencia porque según la Etología, ciencia que estudia la conducta animal en libertad, son muy similares al ser humano – son motivados en su vida diaria por dos objetivos principales: El alimento y el sexo. Esto en el orden de importancia que ameriten las circunstancias, si tienen hambre, buscan comida, si andan calenturientos, sexo. Cuando no están haciendo una cosa u otra, simplemente están en un estado de "espera" jugando, descansando y en el caso del macho haciendo ejercicios de poder, echando bronca aquí y allá. Toda su vida gira en torno a esas simples cosas.

Este estilo de vida no se ejecuta de manera consciente pues como ya conocemos, los genes son los que han determinado ese comportamiento. Los chimpancés no razonan las respuestas que dan a sus impulsos biológicos, simplemente actúan como reflejo a sus necesidades programadas. Al despertar, el hambre simplemente los hace activarse en la búsqueda de alimento y su programación los hace consientes que, de no alimentarse, morirán. No lo razonan, simplemente lo hacen.

Todos los seres vivos tienen códigos genéticos sin importar su especie y estos mismos les obligan a tener patrones encaminados a la reproducción. Las plantas, microbios, insectos, hongos y mamíferos viven con el solo propósito de reproducirse. Cada individuo tiene en sí mismo la instrucción de reproducirse sí o sí. Es de hecho el motor más poderoso en el impulso de la vida de TODOS los seres vivos.

Los genes se han dado a la tarea de evolucionar al punto que han logrado refinar su control en los organismos. De simples instrucciones de replicación celular, como en el caso de las amebas hasta los más complejos mecanismos motivadores para la reproducción de grandes organismos pluricelulares.

Pero los genes son sutiles en su manera de controlarnos, pues no escuchamos voces diciendo: "¡Reprodúzcanse hijos de la chingada!" Claro que no. Con el simple hecho de ver niños completamente ajenos a las situaciones sexuales entendemos que como dijo Clavillazo: "La cosa es calmada". Este control genético tiene su paso y su tiempo.

Lo primero, según los genes es el despertar del "yo", la autopercepción. En segundo lugar, está la validación de ese "yo", que consiste en reconocer el valor que tenemos en nuestro entorno y, en tercer lugar, la justificación de nuestro ser, que argumenta nuestra supremacía sobre otros en el derecho de existir y reproducirse. Por supuesto que hay muchos otros procesos entre uno y otro, pero ya seria mucha mamada ponerlos todos. En primer lugar, no los conozco y en segundo, no es la intención hacer un tratado de biología evolutiva, sino más bien, estamos tratando de desenredar el desmadre de la sexualidad.

Cuando un grupo de hijos de la changada evolucionó a través de miles de años en lo que se conoció como homo sapiens, su manera de vivir no era muy diferente a los grupos de otros homínidos que aún existían. Los machos, aunque más inteligentes que sus primos, continuaban buscando el dominio del grupo con la finalidad de acaparar el favor de las hembras del grupo. Su inteligencia cognitiva era muy superior, pero sus impulsos básicos eran exactamente iguales a las especies menos evolucionadas.

Tenemos que tomar en cuenta un factor muy importante en la evolución de la estructura social del ser humano: Su manera de buscar el alimento.

Los seres humanos primitivos se procuraban el alimento persiguiéndolo a donde quiera que estuviera. Las manadas humanas eran nómadas, desplazándose por enormes extensiones de tierra, tan grandes que no era posible asentarse en un solo lugar por mucho tiempo. Así que su preocupación constante era decidir a donde se dirigirían al día siguiente. No había mucho tiempo para otras actividades que contribuyeran al desarrollo social, solo había tiempo para buscar el alimento y al final del día, como premio, el cuerpo tibio que habrían de disfrutar – había quien que, por ser de los más débiles, debía de conformarse con acariciarse solo -.

Hay que tomar en cuenta que la expectativa de vida al nacer era de solo 25 años, por lo que esas personas no tenían tiempo de andar pensando mamada y media. Todo el día lo pasaban desplazándose tras las presas, recolectando y defendiéndose de depredadores y otros grupos que buscaban apoderarse de sus territorios de caza. No había reglas ni leyes sino los de la naturaleza misma. No existían los tabús ni la "moral" social y por supuesto que no existían las religiones ni los mandamientos de la ley de dios.

No cuesta trabajo imaginar que el sexo en esas circunstancias debió ser de los más delicioso. Imagínate: En primer lugar, cogías sabiendo que a lo mejor ese era el último palito que te reventabas. No habría consecuencias negativas de tus acciones – a menos que te cogieras a la pareja de otro más fuerte que tú - Pero principalmente, no habría estigma social para nadie, la hembra no sería considerada de menos valor y si nacían niños de ello, pues que mejor, pues instintivamente sabían que ese era precisamente el propósito: reproducirse, además de que las manos extras siempre eran bienvenidas.

Podemos imaginar fácilmente que la gente de ese entonces andaba desnuda todo el tiempo, pues la vergüenza no llegó a la humanidad sino hasta que llegó la religión. Nadie ha visto jamás a un chango tapándose sus cositas como si tuviera pena de que alguien lo vea. Eso le fue impuesto al hombre después. La vestimenta nació de una necesidad de abrigo, como un logro de la supervivencia, no de un pudor enfermizo adquirido.

Tal como en la fábula bíblica donde dios conversó con el "primer" hombre: "Adán, ¿Dónde estás?", a lo que Adán dijo, "Aquí estoy, pero no quise me vieras porque estoy desnudo" a lo que dios respondió: "¿Quién te informó que estás desnudo?" - Genesis 3:9-11

Yo le respondería a ese dios: ¡Los chamanes, fueron los chamanes!

Pasaron miles de años para que el ser humano dejara la vagancia y se estableciera en un solo lugar, el sedentarismo nació a partir del desarrollo de la agricultura: el hombre había logrado clasificar los granos y hortalizas y logró producirlas, también logro domesticar algunos de los animales que cazaba y ahora los podía criar. Esto por supuesto significó un avance importante en la construcción social de las manadas de humanos, que ahora disponían de más tiempo para la organización de sus pequeñas comunidades. Ya explicamos en capítulos anteriores como este desarrollo trajo también los cánceres de esos pequeños ordenes sociales: La religión y la política.

Para los lideres y chamanes de ese tiempo, era evidente que el control de todos era necesario. La genialidad de su control consistió en conocer los impulsos naturales del ser humano y explotarlos a su favor. Entendieron que el impulso sexual era con mucho el más poderoso sobre todo ser vivo, así que se dieron a la tarea de entenderlo, definirlo y posteriormente regularlo. Algo así como la electricidad, que primero se descubrió, luego se comprendió, entonces se produjo, se reguló, se le puso precio y por supuesto ahora se vende y, ¿Quién puede estar sin electricidad?

Tenemos que recordar que nuestro "yo" circula por una carretera llamada "esencia" y que debiéramos transitarla en el "vehículo" que nuestros padres nos regalaron en nuestros primeros años de vida. También debemos tomar en cuenta todos los vacíos que han sido producidos en nuestra alma – La "capeta asfáltica" de nuestra esencia – y que intentamos desesperadamente de llenar a lo largo de nuestra vida.

En su afán de control los "sabios" chamanes se apropiaron de todo lo relacionado al sexo: Solo ellos podrían determinar que era y para qué era la función sexual, quienes podrían disfrutarlo y bajo que "marco legal", quien podría practicarlo y con quien, si solo era entre macho y hembra, o si pudiera ser todos contra todos. Todas esas mamadas eran dependiendo el grupo y la extensión de la imaginación de los hijos de la chingada que los dictaban. La finalidad era regular y por tanto controlar la fuerza más motivadora del grupo.

Una gran corriente en contra que tenían en ese intento constante de control es que los humanos, al igual que los primates, derivan un gran placer del acto sexual en sí. Una aclaración: Los humanos – y los primates menos – no vamos por la vida diciéndonos a nosotros mismos que nos tenemos que reproducir. No vamos haciendo publicidad a nuestro propósito fundamental: "No mames, ya tengo 18 años ¡Tengo que reproducirme!" Mas bien SÍ vamos por el mundo diciendo: "ya quiero que me la metan, ya quiero meterla" según sea el caso y expresándolo de maneras no verbales. Nuestro impulso más fuerte no es de tipo genético, es de tipo hormonal. Ese es el mayor truco que nuestros genes han logrado en nosotros, el que el deseo sexual no sea un mecanismo automático, sino uno plenamente consciente y que vehementemente buscamos realizar. La ventaja de nuestra sexualidad es que ya no está condicionada como en otras especies, por ciclos biológicos o por temporadas de apareamiento. El ser humano coge cuando quiere y tiene sus crías en todo tiempo y lugar. Un gran logro para la evolución genética.

Una explicación sencilla de tu calentura: No te daré toda la explicación fisiológica del proceso que lleva al acto sexual, pero te diré a grandes rasgos lo siguiente: Cuando un individuo ve a su contraparte y le gusta lo que ve, su cerebro mediante oxitocina lo motiva a iniciar un movimiento de cortejo, mismo que se desencadena en un jugueteo físico que pueden envolver caricias, besos o cualquier otro contacto físico según las costumbres adquiridas. Esto por supuesto resulta en la liberación en tu torrente sanguíneo de hormonas según sea el caso. Si eres hombre testosterona y se eres mujer, estrógenos, mismos que tienen un efecto en tus órganos sexuales, siendo en las mujeres la lubricación y los hombres la erección, caemos entonces en las manos del sistema nervioso simpático que nos da esa sensación de desesperación provocados por la adrenalina que acelera nuestros latidos cardiacos y de querer llegar a un lugar maravilloso llamado orgasmo, esa desesperación provocada por la abundancia de neurohormonas, tales como la oxitocina, prolactina y las hormonas de la felicidad: las endorfinas. ¡Que rico!, pero este proceso es fríamente dicho, pura química evolutiva creada por los genes hace muchos milenios.

El reto para esos cabrones consistía en crear un sistema de creencias que pudiera contrarrestar en alguna medida la fuerza natural del deseo sexual. Pusieron manos a la obra y crearon sistemas o leyes encaminadas a controlar el cómo y cuándo deberíamos de coger. Primeramente, confinaron el sexo solo dentro de un arreglo familiar, pero nada pendejos, algunos grupos sí permitieron que el macho pudiera tener varias hembras, pero si resultó que los chamanes de algún otro grupo eran medios impotentes o eyaculadores precoces, pues ordenaron tener solo una – es chascarrillo -. Es evidente que la manera de controlar el sexo se dio de muchas diferentes maneras, según el lugar y la cultura de cada grupo. Lo importante era alejar a las personas del control de su mente y ser ellos los que determinaran el propósito de vida de los demás quitando en el proceso el empoderamiento de los individuos sobre su propio cuerpo.

Otra pendejada más con la cual joder a la humanidad había sido creada.

Si tú eres homosexual, polisexual, heterosexual o cualquier otra mamada que se te ocurra, estarás conmigo de acuerdo en lo siguiente: El derecho de decidir cómo, cuando, donde, con quien, con qué y por donde coger es solo tuyo. Tus gustos son solo tuyos y nadie más debiera de tener siquiera una opinión al respecto. Dicho eso, prosigo.

Por miles de años, y especialmente en los últimos doscientos años, los poderosos nos han mantenido muy ocupados, chingándole todos los días y mal tragados, sin hacer a un lado lo más importante: apendejándonos con ignorancia o conocimientos condicionados.

Sin embargo, el surgimiento de diferentes pensadores con cierto poder en los últimos siglos hizo posible la difusión de hechos científicos que contradecían todas esas teorías del comportamiento sexual, teorías que tachaban de "antinaturales" muchas preferencias de vida. Pero la naturaleza tenía y aún tiene la última palabra contra esas opiniones.

Solo dos casos: Los macacos japoneses tienen una época de apareamiento, misma que responde como en otras especies, a las estaciones del clima, pues buscan aparearse en tiempos que aseguren el nacimiento de sus crías cuando no hace frio. El problema que tienen los machos de esa especie es que no solo compiten con otros machos por los favores sexuales de las hembras, sino también con otras hembras. Esto debido a que en esta especie el sexo entre hembras no solo es una costumbre sino es la norma. Cabe destacar que estudios demuestran – Paul Vasey, Universidad de Lethbridge, Canadá – que las hembras se montan entre sí utilizando posiciones más variadas que con el macho, mostrando de manera irrefutable que esas interacciones sexuales las realizan motivadas por un gran placer que sienten dando y recibiendo de otras hembras. Son lesbianas por naturaleza – considerando que la palabra es de origen griego, Lesbos, y que define las relaciones sexuales entre mujeres -

El otro ejemplo, esta vez de un insecto: En un tipo de escarabajo (*Tribolum o Tenebrio*) Los machos se montan entre sí y depositan su esperma unos en otros, de tal modo que, si ese macho al que le acaban de dar rico y tupido copula después con una hembra, puede llegar a transferirle el semen del otro escarabajo. De esa manera el primero logra reproducirse sin necesidad de cortejar a la hembra, el primero aprovecha un comportamiento homosexual del segundo, tercero y todos los que se heche al plato, para fertilizar más hembras y de esa manera asegurar que sus propios genes se propaguen de manera exponencial.

Hay especies en las que incluso se unen dos hembras como pareja con el propósito de sacar adelante a las crías, tal es el caso del Albatros de Laysan. Y así como los anteriores, la naturaleza está llena de una diversidad de conductas sexuales que no alcanzarían 100 capítulos para describirlas, baste entender que el derecho de elegir qué hacer con tu sexualidad es un derecho demostrado por la misma naturaleza dondequiera que voltees.

El entender que todos nuestros comportamientos naturales han sido inhibidos y condicionados nos da la libertad de entonces tomar el poder sobre nuestra mente y control sobre nuestro cuerpo. El problema radica que esta libertad recién encontrada nos es completamente desconocida y entonces no sabemos que realmente hacer con ella, como vivirla y como manifestarla. Es un poder recién descubierto. Reza un dicho: "El que nunca ha tenido y llega a tener, loco se quiere volver".

Miles de personas han sido "liberadas" solo para perderse otra vez. Debes recordar a los esclavos "liberados" que ante la impotencia de no saber qué hacer con su nueva condición, volvieron a las plantaciones con una ilusión de libertad. Pues eso precisamente nos pasa a la mayoría que creamos alternativas mentales para conducir nuestra recién encontrada libertad. Pero tenemos una gran desventaja: Las opciones a seguir están fuertemente influenciadas por otras pendejadas que nos fueron adoctrinadas. Así que el resultado de nuestras nuevas decisiones nos lleva al punto de solo esclavizarnos de otra estupidez, pero esta vez, nosotros la construimos.

Las mujeres fueron reprimidas por miles de años. Y esto como consecuencia de la ley natural. Es innegable el hecho que en la vida silvestre sobrevive el más apto, el más fuerte. Como herencia de ese orden natural, la mujer no tuvo más remedio para sobrevivir que simplemente seguir con ese orden establecido. La estupidez del macho humano radicó en no entender el valor de la inteligencia de la hembra, evolucionada a la par de sí. Las mujeres fueron reprimidas como parte del orden establecido por los poderosos del grupo. El resto de los machos simplemente fueron seducidos por la inercia y comodidad del orden establecido. Tenemos que recordar que durante milenios los machos dominaron tanto el alimento, el conocimiento y la religión.

Así que históricamente tenemos dos grupos que han sido ampliamente reprimidos, suprimidos o en su caso perseguidos: Las mujeres ampliamente, a través de los milenios y todos aquellos con conductas sexuales "inquietantes" y "diferentes". Ha habido periodos en la historia que se les ha dado un respiro, aunque con torceduras condenables, como en los tiempos Helénicos donde la homosexualidad era la norma y tener la habilidad de jugar todas las posiciones era una ventaja, pero para disfrutar de tal versatilidad, se tenía que contar con un alto nivel social. Las mujeres demostraron su gran inteligencia logrando ser reconocidas como referentes, como es el caso de Hipatia de Alejandría y al menos otras ciento cincuenta mujeres más. Culturas como las nórdicas reconocían la valía de las mujeres como compañeras y guerreras. Tristemente no es el caso de la humanidad en general y no fue la constante a través de los tiempos.

El caso es que, en estos tiempos, el ser mujer ya no es sinónimo de sumisión ni la variedad sexual causa de estigma social. Ahora muchos pendejos dicen con orgullo idiota: "yo tengo amigos que son gay" y otros: "yo creo en la igualdad de la mujer". Ya lo dije: Pendejos.

La trampa aquí es justamente escapar solo para volver entrar, pero por otra puerta. La insistencia de unos hijos de la chingada en reprimir lo más bello de nuestra esencia y nosotros ahora que insistimos en restregar nuestro recién "empoderamiento" a los demás. Lo desgloso así: El objetivo de los poderosos ha sido siempre tenernos distraídos con cuestiones pendejas, para que así nosotros no tengamos ni tiempo de desarrollar un pensamiento crítico que nos permita entender plenamente como vivir el regalo de la vida. Aquí la palabra clave es: DISTRACCIÓN. Una vez que hemos entendido que no todo en la vida es ser otro ladrillo en la pared, pareciera que iniciamos el camino de desaprender lo aprendido, e iniciamos un proceso para lograrlo. Al ir remplazando ciertas ideas y conceptos, en lugar de volver la mirada a la naturaleza y a las raíces de nuestra esencia, simplemente desechamos ciertas ideas pendejas y las reemplazamos por otras de la misma caja. El asunto es mantenernos DISTRAIDOS. Así que crees que ya no eres parte del engranaje del sistema que te reprimió, pero la realidad es que solo cambiaste de lugar en la maquinita de chingar gente.

La puta inteligencia de los amos en el poder es simplemente ¡impresionante! La mamada esa de represión sexual no podría sostenerse para siempre, tal como todas las demás mamadas que ya hemos denunciado en capítulos anteriores. Así que la ilusión de libertad fue nuevamente utilizada. "Tenemos a un grupo de personas inconformes con la manera que las reprimimos. Se están multiplicando y obteniendo posiciones de poder. Hagámosles creer que serán libres de vivir como les de su chingada gana, pero mantengámoslos ocupados promoviendo esa libertad de modo que sean felices con su nueva realidad y ya no estén chingando", pareciera que los estuviera oyendo. Básicamente la única libertad que te dieron es que como engrane, simplemente escogerías donde habrías de girar.

A las mujeres se les regaló la conciencia de sí mismas como hembras, de su poder sobre los hombres y de su valía como tierra de cultivo para la reproducción. Las mujeres se "liberaron" y empezaron a explotar su libertad sexual subyugando al macho y haciéndose de su voluntad — la prueba irrefutable del poder que la mujer tiene sobre nosotros los hombres es que se ven más lugares de ventas de caricias femeninas que de masculinas -. Indiscutiblemente la mujer pasó de ser el sexo débil a ser la muñeca que es consentida con atenciones y dinero a cabio de favores sexuales. A algunas otras simplemente se les reconoció su inteligencia y su habilidad de poder funcionar tal como funciona el hombre como ladrillo. Es cierto, la mujer tiene la misma capacidad productiva e intelectual del hombre.

Los diversos sexuales fueron reconocidos como miembros honorables de la sociedad y se reconoció su aportación a los diferentes sectores económicos, culturales de la humanidad. A mí en lo personal los logros en sí son los que deben ser aplaudidos no su orientación sexual, pues para mí son personas como cualquier otra y en términos estrictos ni el pene ni la vagina tienen que ver con la inteligencia, mucho menos el culo o la lengua. El que es chingón es chingón y punto. La admiración y respeto por las personas debe de ser en base a su calidad humana y a sus logros personales. Los gustos sexuales son privados y no requieren reconocimiento, solo respeto.

Pero ellos en lugar de decir: "¡Chinguen a su madre, a mí no me reconozcas mi naturaleza como tal, a mi nada más respétame y déjame en paz!" simplemente agradecieron el reconocimiento y empezaron a restregarlo en la cara de sus conciudadanos mediante marchas e incluso denostando a la clase "conservadora" llamándolos homofóbicos, cosa que medicamente no existe.

Y ¡Allí van! El contingente de feministas reclamando sus derechos, restregando la opresión del patriarcado, destruyendo todo a su paso y denostando a todo hombre que se encuentran. Pero el lunes regresan a trabajar y vivir su vida de Godínez con la amargura de seguir siendo serviles ladrillos del patriarcado que tanto dicen odiar. Lo único que lograron demostrar es que cambiaron de posición pendeja por otra aún más pendeja. Pareciera que olvidaron el hecho que las mujeres que han demostrado superioridad sobre la estupidez del macho han sido mujeres como Marie Curie, Rosa Parks, Amelia Erhard entre muchísimas otras. Aclaro: En este sistema de cosas de mierda no critico ni condeno la manera como muchas mujeres desean expresar sus opiniones. Tampoco estoy en contra de si una mujer expresa de maneras extremas su inconformidad con la injusticia, la represión. El resentimiento que han acumulado por generaciones es una razón plena de rebelarse contra el orden establecido. Es el orden creado por hijos de su puta madre que solo les interesa la permanencia en el poder y la cosificación de las personas, y quienes sí merecen que se le haga la vida imposible. Lo que trato de decir es que al final del día, ese coraje no es más que el permiso de los poderosos para liberar presión en la olla y que esas mujeres siguen en el "programa", pero con la ilusión o espejismo de que lo hacen a su propia manera. Simplemente siguen siendo víctimas de la DISTRACCIÓN establecida.

Nota: Si anotamos las pendejadas que los hombres han hecho con el poder de decisión que históricamente se atribuyeron a sí mismos, no habría libros para enumerarlas. Los hombres han hecho un trabajo miserable gobernando y dominando a las mujeres y ellas han tenido solo dos siglos para "liberarse" y expresar sus inconformidades. El punto que quise establecer en el párrafo anterior es el hecho que la "libertad" que creen tener o haber logrado, es simplemente una concesión del sistema opresor para hacerles creer que todo va a mejorar. Definitivamente el sistema de cosas liderado por el macho es una completa mierda por donde quiera que lo veas.

En el caso de la diversidad sexual es exactamente lo mismo.

Las personas pertenecemos sin querer a ciertos grupos o comunidades, y digo sin querer porque finalmente estamos allí como consecuencia de factores totalmente fuera de nuestro control. Ni nuestra nacionalidad, ni nuestro nacer en cierta época ha sido escogido por nosotros. Simplemente pasó que nacimos y nos encontramos en un cuerpo de hombre o de mujer, o en cuerpo de pobre o en cuerpo de feo. Ni siquiera la esencia pudo haber sido escogida, simplemente nos la heredaron. Pasó que si nuestros pensamientos e ideas fueron creciendo de manera diferente y nuestros gustos de vida no son los que otros tienen, pues llevamos sobre nuestros hombros el peso de estar luchando constantemente por mostrar nuestra valía en medio de tanta gente "normal". Sin contar con la infinidad de culpas e inseguridades que tenemos por no ser como los demás. Es una lucha constante y agotadora. Por ello digo que no tiene caso dejar una lucha que hemos peleado por simplemente tomar otra causa que defender. No creo que nuestro propósito sea luchar. Nuestro propósito es coger y reproducirnos – suena sencillo y para los "decentes" escandaloso, pero no por eso deja de ser verdad -. También se vale coger sin reproducirse.

Nuestra verija no nos define, simplemente es el juguete que traemos integrado y el truco, creo yo, está en no creer que es la más maravillosa que existe y que es nuestra arma secreta para conquistar el mundo. Malas noticias: Hay millones de verijas en el mundo como la tuya. Así que disfrútala, juega con ella y cuídala. Que no te importe que los demás la usen, la pongan y la disfruten de la manera como les de su chingada gana, mientras no te exijan la tuya o te impongan la de ellos sin tu permiso.

Todos tenemos derecho a sobrevivir y reproducirnos o no, es la ley de la vida.

En el orden natural de las cosas tenemos que aceptar nos guste o no, que la supervivencia del más apto es una realidad y que si nos tocó ser quien tiene la verija más culera del grupo, pues ni pedo, total, la evolución ha demostrado también que nunca falta un roto para un descosido. Si no me crees, voltea a tu lado, seguramente hay alguien que te mira como si fueras la última cerveza helada del desierto. Como si tu verija fuera la única que existe. Alguien que ha sido subyugado por el poder de tu verija.

Capítulo IX

PATITAS AL HOMBRO

Estaban dos compadres conviviendo, echando trago. Ambos tenían mucho tiempo de conocerse y nos podemos imaginar el grado de confianza que se tenían. Ya al calor de las copas pues la plática fue subiendo de tono, hablando de lo maravilloso que es cogerse a una hermosa mujer, se platicaron anécdotas y por supuesto se presumieron mutuamente las aventuras vividas con mujeres de todo tipo. Finalmente, una cosa llevó a la otra y empezaron a hablar de los jotitos. "¿Qué se sentirá que te la metan compadre?" preguntó uno, "No sé compadre, pero esos cabrones ya no se regresan, una vez que la prueban se hacen adictos a esa chingadera" contestó el otro. "¿compadrito, nunca ha sentido curiosidad, así como sin querer queriendo?" retó en primero – "pues la mera verdad como que no sabría decirle compadrito" respondió, acariciándose despacio una punta del bigote. "La verdad a veces si me da como una comezón, compadre" - "Pues usted dirá" contesto el otro, "si quiere pues le mato la curiosidad" dijo uno - "yo a usted" contesto el otro. "usted primero", "No, mejor usted". Después de un ratito de tímida negociación y ya con las mejillas coloradas más que por el alcohol, por una excitación que cada uno trababa de ocultar se dijeron: "pues nada más hay que apagar la luz compadre, porque a mí me da mucha pena", "¡Sobres!" exclamo el otro apagando la luz. En aquella obscuridad se escuchaba: "Ándele pues compadre", - "Sale pues", reviraba el otro. "ya estoy listo, dele" - "yo también, póngase de modo". De repente alguien más encendió la luz, sorprendiendo a dos bigotones con el culo parado en posición de receptores.

Esta historia graciosa yo creo que más que un chiste, es una realidad en el caso de miles de hombres "heterosexuales" a lo largo de la historia. La negación de nuestros íntimos deseos ha sido la constante porque en el adoctrinamiento se nos ha mentido diciendo que ciertos deseos son "vergonzosos". Mujeres también han sido estigmatizadas por querer vivir su sexualidad plenamente, aun cuando es de manera "natural", no se diga en el caso de aquellas que tienen un repertorio abundante y exquisito de "otro" tipo de gustos y preferencias.

La naturaleza es la mejor maestra en prácticamente todo aspecto de la vida, desafortunadamente es a la que menos le prestamos atención. El comportamiento de los seres vivos, cuando se observa, se descubre ante nosotros con una familiaridad que impresiona, pues terminamos por reconocer que no somos tan diferentes a ellos. En las sociedades alejadas de la naturaleza, pues es imposible notarlo desde nuestra condición de ladrillos. Nos mantienen ocupados y los chamanes mantienen una venda en nuestros ojos y eso nos hace incapaces de verlo si no hemos buscado constantemente "la verdad".

Como ya hemos visto, la constante insistencia enfermiza de controlar a otros motivó la creación de una serie de doctrinas, creencias y supersticiones, mismas que fueron metidas a huevo en la mente de nuestros antepasados. La sexualidad fue tomada rehén de los culeros en el poder y fue usada para regular nuestra conducta. Tristemente y debido a circunstancias obvias, la mujer fue la más perjudicada con ese "arreglo". Miremos a la naturaleza, luego al pasado.

En el caso de todos los grupos donde la reproducción es sexual, Las hembras y los machos soy muy diferentes entre sí. La gran mayoría de especies dan el rol predominante al macho. Hay, sin embargo, especies como algunos mamíferos donde la hembra es la que parte el queso. En los insectos es fácil encontrar muchas más especies donde la chingona es la hembra – pregúntale a las abejas, hormigas, por poner solo dos ejemplos -.

El rol lo ha determinado la manera como las diferentes especies han evolucionado, mostrando que el rol ha sido determinado de manera fortuita, por casualidad, sin querer queriendo y de manera aleatoria. Hoy vemos especies como elefantes, hienas, suricatos y otras más con una estructura completamente matriarcal, donde las hembras son las que mandan.

Nuestra percepción apendejada nos hace creer que el que haya una hembra al mando, es en sí mismo una desventaja, pues creemos que los machos, por ser más fuertes, son los más idóneos para liderear una manada. Nada más alejado de la realidad. Considera el caso del león. Nos han vendido la idea de que ese gato gigante es "El rey de la selva", y que toda actividad de la sabana donde habita gira en torno a sus necesidades y deseos. Pues no es así. La leona es la que dice a qué ritmo se baila. En la manada, son el grupo de leonas las que se organizan para la caza, la crianza de los más jóvenes, la manera como se distribuye el alimento y son ellas las que deciden quien ha de ser el macho del grupo. Cuando ya no les está rindiendo su gatito melenudo, lo corren y escogen otro de los tantos que andan merodeando las manadas en busca de familia. Escogen al más fuerte que se encuentran, pero esa fuerza la miden en la capacidad que tenga para darles amor a todas. Matriarcado en acción.

La naturaleza nos muestra que más que fuerza bruta, para sobrevivir se requiere inteligencia también. En lo general, simplemente sobrevive el más apto. De allí que la combinación de fuerza e inteligencia resulte en una buena mancuerna. Las circunstancias hicieron que cada especie fuera inclinando la balanza del poder hacia hembras o machos según fuera el caso. El homo sapiens desciende de una línea de homínidos donde el macho resultó favorecido y la hembra evolucionó más frágil y por lo tanto subyugada.

En el caso de los chimpancés los machos tienen conductas que consideraríamos aberrantes, pues en grupos grandes, el macho que más golpea a las hembras es el que más éxito de reproducirse tendrá. Y es que los golpes son para evitar que la hembra en estado receptivo copule con otros. A bola de chingadazos las mantienen fieles. Cuando los grupos son pequeños los machos no son tan agresivos, pues no hay mucha competencia. En esos grupos pequeños son las hembras las que escogen con que chango se aparean.

El homo sapiens heredó ese comportamiento violento hacia la hembra y es común representar a nuestros antepasados cavernícolas con un garrote y arrastrando a una hembra hasta su cueva, igual que sus primos los chimpancés. Ciertamente para un macho calenturiento y fuerte ese sistema funcionaba de maravilla, ya que, si querían coger, lo único que tenían que hacer era buscar una hembra para darle en su madre, violarla y de esa manera reproducirse. En el caso de la hembra no habría mucho que hacer al respecto, salvo simplemente resignarse y aceptar lo que estaba pasando, así era el estado de las cosas. Un problema habría de venir para el macho.

La inteligencia cognitiva como resultado de la evolución no fue un regalo solo para los machos dominantes – para su desgracia –, las hembras evolucionaron a la par. Los genes no hacen distingos a la hora de combinarse sin importar si naces macho o hembra, por lo que tendrías las mismas posibilidades de inteligencia con la única variante que, al igual que en nuestro tiempo, a veces nacían hembras con un cociente más elevado que el macho y viceversa.

Hubo grupos de homínidos que veían la inteligencia de la hembra como una ventaja colectiva, pues ellas contribuían con ideas y actividades más asertivas. Piensa lo siguiente: ¿crees tú que todas las ideas e innovaciones venían solo del macho? Los machos dedicaban la mayor parte del tiempo correteando la chuleta, literalmente, pero eran las hembras las que preparaban el alimento. Seguramente fue a una hembra a la que se le ocurrió cocer el primer pedazo de carne, de curtir una piel. Fueron las hembras cuyo exquisito gusto les dieron sazón a los primeros guisos y por supuesto, fueron ellas las que clasificaron los frutos, hierbas, hongos y demás alimentos, pues eran las recolectoras. En los dibujos descriptivos de los tiempos prehistóricos muchos artistas pendejos las representan como seres temerosos apiladas en la esquina de alguna cueva. La realidad es que en aquellos tiempos apendejarte y ser débil te costaba la vida.

Entre paréntesis tendremos que establecer lo siguiente: Todo ser vivo tiene como mecanismo necesario la auto validez, ese argumento biológico que justifica nuestra existencia misma y que de manera instintiva nos impulsa a prácticamente pelear por defender nuestras posiciones adquiridas. La comodidad del poder es evidente a través de toda la naturaleza. Los machos dominantes disfrutan la sumisión de los demás miembros del grupo y más importante aún, de las hembras en particular.

La insistencia del macho por estar en una posición superior en referencia a la hembra no fue algo consciente, sino solo el reflejo de sus mecanismos genéticos. Pero con el surgimiento de la inteligencia cognitiva surgió un problema para el macho. Eso de los genes y de que si la evolución y que si el macho esto o lo otro, pues simplemente le valió madres a la hembra. Empezó a cuestionar el estado de las cosas y por supuesto que levanto la voz.

¿Recuerdas el problema de legitimación del poder y la religión? Pues ahora se levantaba la cuestión del derecho que el hombre tendría sobre la mujer como "cabeza" de familia, de cómo y porqué el patriarcado era la única manera viable de construir el orden social de aquel tiempo. Habría que dar razones irrefutables para justificar la imposición de aquella pendejada.

Si tú quieres provocar que alguien pierda el valor, el favor o simplemente quieras el odio de los demás sobre ese alguien, lo que tienes que hacer es simplemente: SATANIZARLO. Si logras que se traguen tus cuentos, conseguirás por un tiempo sostener el repudio general contra ese alguien. Pero si es el satanizado mismo el que se traga el cuento en primer lugar, su estado de ostracismo será casi eterno. Así que manos a la obra, "Satanicemos a la mujer" dijeron los putos chamanes con el beneplácito de los gobernantes y la sonrisa de los hombres.

Para ese entonces los chamanes ya habían convencido a la mayoría de sus conexiones especiales con los dioses, de que estos les hablaban y les transmitían su "voluntad". Lo interesante es que esos dioses también les comunicaban las razones por las que estaban viviendo de la chingada. Ya sabes, la razón por la que, a pesar de contar con el favor divino, sufrían tantas calamidades. A través de miles de años fueron refinando sus cuentos, dándoles detalles y sentido bajo una "lógica" que aquellos ignorantes pudieran entender y sobre todo creer.

La sabiduría que la naturaleza muestra y enseña estaba presente a la vista de todos, de modo que era innegable, así que para evitar que aprendieran de ella como los hijos de la changada que eran, pues habría que arrancarlos de allí y transportarlos a un plano o realidad completamente diferente. Ya no habrían de ser hijos de la changada, serían llamados hijos de los dioses. ¡que mamada tan espectacular! Se dieron a la tarea de construir fabulas, cuentos y relatos que explicaran como con un palito cósmico, los dioses habían engendrado a los humanos. En toda la tierra encontramos una incontable cantidad de relatos explicando el coito intergaláctico que dio origen a la humanidad. Relatos inventados, mejorados y aumentados a través de miles de años.

Primeramente, convencieron a la bola de pendejos que NO eran parte de la naturaleza. Que todas las cosas, animales y la expansión de los cielos habían sido creado con el solo propósito de formar un hogar para albergarlos, que su dios o dioses se había tomado la molestia de crear todo aquello para que ellos pudieran gozar de los placeres y de vivir bajo su guía y dirección. Las demás especies a quienes antes veían como parientes, primos o hermanos a quienes tratar con respeto y armonía, pasaron a ser simples objetos creados para la conveniencia humana. Los dioses hablaron y dijeron que la Tierra y el universo eran ¡la herencia de la humanidad! Claro que aquellos babosos crédulos no conocían la grandeza del universo.

Un relato con el que todo occidente está familiarizado es la fábula monoteísta de la creación. Un dios motivado por amor crea todo el universo incluido por supuesto nuestra hermosa Tierra con todos sus animalitos y plantas. Como obra maestra, pináculo y broche de oro de toda su creación, da vida al hombre Adán, hecho a "su imagen y semejanza" un verdadero "hijo de dios", no como los pinches changos que aún colgaban de los árboles.

El hombre Adán era genuinamente "el hijo de dios". Pero sucede que este cabrón andaba solo por el entorno maravilloso en el que vivía y pues su "padre" se cansó de verlo deambulando con envidia de las criaturas que si tenían con quien coger. Diciendo: "No es bueno que el hombre continúe solo" lo durmió y tomo una costilla de él y procedió a hacer de esa costilla a la mujer. Todo era miel sobre hojuelas hasta que la pinche Eva – así se llamaba – motivada por su curiosidad natural y alentada por una serpiente parlante desobedeció la única ley que existía: no comer del fruto de cierto árbol. Allí fue que tanto Adán, Eva y su futura descendencia perdió el derecho de ser habitante de los jardines de dios. Todo valió madre. De allí en adelante la humanidad habría de sufrir las consecuencias por las pendejadas de Eva. Las calamidades habrían de azotar a la humanidad pues dios enojado, dejaría de protegerlos condenándolos a sufrir los elementos y a las bestias salvajes.

La mujer no solo no era hija de dios, pues había sido tomada de la costilla del hombre, sino que también era culpable de las desgracias presentes y futuras de la humanidad. Pinche vieja, nomás de escribirlo ya la aborrecí y me dan ganas de ponerle en su madre.

El trabajo de satanizar a la mujer se ha probado con los siglos todo un éxito.

El siguiente paso era condicionar a esta hija de la chingada en todos los aspectos. Ya la mujer como genero había demostrado su pendejes jodiendo a la humanidad. No habría de permitírsele tomar decisiones y por supuesto que no se reconocería su inteligencia. Su utilidad se reducía – por su propia culpa – a solo: Coger, reproducirse y servir.

Una nota interesante del poder femenino: Supongamos que eres casado y que andando en la calle se te presenta la oportunidad de un revolcón con una mujer joven, hermosa, simpática y con cuerpazo de ensueño. Ten la seguridad que te la cogerás con todo el empeño del mundo exprimiéndote a ti mismo en ella. Mas tarde, cuando llegues a tu casa, fingirás cansancio, mal humor o lo que sea necesario, pues todas las municiones las tronaste en tu última hazaña y no tienes energía para un revolcón más. Tu mujer por otro lado tiene grandes poderes. Considera lo siguiente: Una mañana fue a comprar víveres, y resulta que el tendero es guapo y tu mujer tiene la confianza de simplemente cogérselo. A medio día llega tu compadre de pasada y pues tu mujer lo monta como bonobo poseído – *Pan paniscus* -. Ya rayando la media tarde se coge al vecino parte de su ganado. Resulta que llegas a casa y con la motivación de haber visto mucha hembra guapa en la calle, procedes a cortejar a tu mujer y ¿Qué crees? No solo se deja montar, sino que te quedas admirando tus habilidades para motivarla mediante sentir el grado de lubricación que encuentras, pero ignorando de que botellita salió el lubricante. La mujer brilla con toda la gloria de su poder.

El saber acerca de ese poder femenino debiera darnos miedo, mucho miedo. Tanto que celos y desconfianza se vuelven el pan de cada día. Recuerda que los chimpancés se madrean a las hembras porque quieren estar seguros de que sean solo ellos los que logren reproducirse – de por allá nace la inseguridad – Los antiguos "sabios" sabían esas cosas, así que simplemente después de satanizar a la mujer, pues acotaron toda posibilidad para que conociera su cuerpo y descubriera su poder real sobre el macho. Se prohibieron la masturbación, el toqueteo, el sexo premarital, el sexo invertido, de cabeza, y todo aquello descrito en el Kama Sutra. Todo ello fue tachado de inmundo a los ojos de dios. A la mujer se le prohibió el sexo a tal grado que se desarrolló el concepto de la virginidad y la castidad. Por supuesto que la mujer, al reconocerse a sí misma culpable de las desgracias de la humanidad, reprimió esas energías mediante la "piedad" que fue adoctrinada en ella. La religión había vuelto un ser maravilloso y libre en solo un accesorio más para el "propósito divino" tal como había hecho con el resto de las especies. Mamada tras mamada.

En la evolución de esa pinche y triste manera de pensar, se distorsionó la manera como vivimos el sexo. Básicamente se nos ha dicho que el que penetra es el conquistador, el fuerte y que el penetrado es el invadido, el subyugado, el débil que no consigue evitar esa invasión. Las mujeres no son débiles, es ese concepto estúpido de sumisión y conquista lo que ha hecho que acuñemos en nuestra mente esa pendejada. De ahí que cuando una mujer es violada, más que coraje, lo que siente es vergüenza, un estado de indefensión e indignidad. Cuando lo que debiera sentir es solo rabia y venganza.

El concepto de penetración como estigma de debilidad y vergüenza, es lo que ha llevado también a muchos hombres "machos" a ocultar las inclinaciones de su esencia o de sus gustos adquiridos. Cuando un hombre es calificado de "joto", está siendo denigrado a una condición femenina, de debilidad. La construcción social y psicológica de macho en relación con la mujer es la siguiente: El macho en su pendejismo ególatra ha dibujado a la mujer como un ser que va rogando le metan el pito. Se suele ilustrar a las mujeres con mirada suplicante por las caricias del hombre. En las representaciones eróticas de todos los periodos clásicos de la pintura, se suele pintar a la mujer siempre subyugada y en situaciones en las que pareciera que el hombre le hace un favor al poseerla. Así que la mujer, al estar en constante excitación por el hombre, pues está en un estado de sujeción o abnegación "¡Dame papi, Dame por favor!" Da risa ver a los machos imaginando eso, pero lo triste es que se lo creen. De facto es que se la creen que hasta en la mitología bíblica registraron que entre los castigos que dios impuso a EVA, uno fue: "Y el deseo vehemente será por tu esposo" - Genesis 3:16 -. Yo he visitado cierto número de diferentes países, he estado en diferentes tugurios, table dance, zonas de tolerancia y ese tipo de paraísos, pero nunca he visto que sean las mujeres las que paguen por compañía, pero si he visto a cientos o miles de hombres pagar por sexo. ¿Quién es el que ruega, suplica, busca y enamora para mojar la brocha? El macho, noventa y nueve por ciento de veces, el macho.

Las personas vivimos un breve periodo en la corriente del tiempo. Somos un parpadeo y ni siquiera un suspiro. Leí por ahí una pinta en la pared que decía "Los fugaces son ustedes, Atte. Las estrellas". Pero a pesar de que lo cortita que parezca nuestra vida, nos las arreglamos para coleccionar una serie de experiencias maravillosas, de nutrirnos con conocimiento renovador. Son nuestros miedos los que ensombrecen esos eventos interesantes en nuestra vida.

Cuando aprendemos que la masturbación es un acto recurrente, constante y generalizado en la naturaleza, entonces reconocemos que no es necesariamente algo "malo". Cuando aprendemos que los actos sexuales entre machos o entre hembras no es ajeno a la naturaleza, entonces nos detenemos y cuestionamos a los dioses que lo prohíben. No es obligación de nadie seguir un modelo que alguien más trace. El hecho de que en nuestra comunidad haya más personas liberadas sexualmente no nos empuja de por si a adquirir sus preferencias nosotros mismos, somos nosotros y únicamente nosotros los que vamos decidiendo acorde a nuestra esencia como vivimos nuestra vida y como disfrutamos nuestra sexualidad.

La mujer no es más débil que el hombre, es simplemente diferente y contraparte en el arreglo biológico de la reproducción. La naturaleza nos muestra que sea que te guste penetrar o ser penetrado ello no dicta si eres débil o eres fuerte, simplemente dicta que tienes gustos que otros no. No hay que darles vueltas a los gustos de los demás, ya que en realidad no es de nuestra incumbencia, a menos claro que estes interesado. Es porqué quieres jugar manitas calientes con alguien y deseas saber si la persona que te gusta es de las que les gusta ser cacheteada, jejejejeje.

Nota aclaratoria: Los seres humanos somos seres evolucionados de especies primitivas, cuya conducta era dictada de manera irracional. Junto con la inteligencia cognitiva que trajo la evolución se desarrollaron conductas de convivencia más civilizadas. Cierto que nos han jodido la vida los chamanes y gobernantes, pero no han evitado que la sabiduría instintiva sobreviva entre líneas. Un aspecto de esa sabiduría es la civilidad. ¿Cuál fue el primer acto o evidencia de civilidad en los humanos? ¿Cuál sería el momento en el que se diferenciarían de sus antepasados menos evolucionados? A mí en lo particular me gusta lo que describió la antropóloga Margaret Mead como indicador de que la civilidad había llegado a la humanidad: El fémur fracturado que se curó, pues indica que alguien se quedó para vendar, curar y asegurar la supervivencia del que se rompió la pierna. Alguien lo cuidó. Cualquier animal, con una fractura como esa está condenado a morir irremediablemente. La civilidad trajo consigo otros tantos valores humanos que más que asegurar la supervivencia, procuran el bienestar de un grupo. Por estos valores humanos es que cuidamos de los débiles, de los enfermos y por supuesto de los pequeños.

Aclarado lo anterior paso adelante:

Como todas las pendejadas denunciadas en capítulos anteriores, esta tampoco habría de durar mucho ante el embate de la lógica, la razón y la voz de la naturaleza. Los amos del sistema idearon una ilusión de libertad más: La liberación sexual. Y así fue como con el impulso de esa liberación sexual crearon nuevas maneras de controlar a los individuos. Simplemente le dieron más poder a la sexualidad al grado que incluso grandes industrias del entretenimiento para adultos surgieron. La idea era mantener DISTRAIDOS a la bola de pendejos, exacerbando un deseo natural a un estado de enajenación. Ahora todo el marketing habría de concentrarse en calentar la imaginación de los compradores, haciéndoles creer que, si tenían ciertas cosas, si mantenían cierta posición, si vestían de tal o cual manera, pues simplemente cogerían hasta la saciedad.

El sexo pasó de ser un acto que pudiera ser consensuado y disfrutado con el mismo derecho de participación y gozo, a un arma de dominación. El sexo se sobrevaluó.

Los huecos emocionales se empezaron a llenar con actividad sexual hasta el hartazgo. El hastío es ya parte de los rasgos emocionales de la juventud hoy día y no se diga de muchos adultos. Cuando yo era muy joven y todavía ni siquiera tenía pelo púbico, la hembra era un ser místico para mí, así que el solo lograr rozar un brazo de una niña en el salón (yo era niño también) o tocar su rodilla desencadenaba una explosión hormonal y era visita asegurada al baño o recuerdo revisitado antes de dormir. Cuando entré a la adolescencia el besar era ya un logro máximo que me causaba ese efecto. Ya a esa altura, el solo rozar, como años atrás, pues no tenía ningún efecto en mí. Como adulto casado el tan solo rozar un brazo o dar un beso no provocan en mi lo que de jovencito lograban. Eso se llama familiaridad.

La sobrevaloración del sexo y la búsqueda constante de experimentarlo más intensamente no causará daño en nosotros si lo vivimos acorde a nuestra esencia. Nunca obligados o simplemente como una respuesta a nuestra necesidad de aceptación. El daño que una mujer siente al ser penetrada nada tiene que ver con fisiología, sino con la sensación de haber hecho lo que realmente no deseaba.

La sexualidad es nuestra, natural y maravillosa. Negarla es negar nuestra esencia misma. Observar la inmensa variedad de especies nos muestra la gran gama de costumbres sexuales que existen y que de ninguna manera vemos ser motivo de estigmatización o vergüenza a quienes las practican. La clave aquí es conocernos, conectar con nuestra esencia y vivir en sintonía con ella. Reconócete y que te valga madres lo que otros hagan y lo que otros piensen de lo que tú haces. Sea que te guste recargar tus tobillos en hombros ajenos o que te guste invitar: "¡Patitas al hombro!".

Capítulo X

TIERRITA EN LAS UÑAS

Cuando los invasores ingleses llegaron por primera vez a lo que después se conocería como Jamestown, Virginia en el año de 1607, casi un siglo después que los españoles (América es un continente muy grande y a cien años después de llegar, los españoles dominaban una porción pequeña, muy lejos de donde desembarcarían después los ingleses), empezaron a trazar cercos, delimitar propiedades, definir territorios y peor aún, a reclamar derechos de propiedad sobre la tierra. Los pueblos originarios de aquellos vastos territorios exclamaban: "¡What the Fuck!" Claro que, en su propia lengua, pero te queda clara la idea. Para ellos el concepto de propiedad o enajenación de la tierra estaba muy pendejo e imposible de asimilar. Ellos sí entendían el derecho de uso de suelo, por ello tenían territorios definidos, mismos que defendían ante la invasión de otras tribus, pero no se les ocurriría pensar que la tierra era una propiedad de ellos. Mas bien, se sabían hijos de ella. Por ello es común aun hoy día escuchar a los pueblos originarios referirse a la Tierra como "madre".

Cuando estos pinches invasores reclamaban como suyo un pedazo de tierra, surgían en la cabeza de aquellos guerreros preguntas como: "¿Quién se la dio como propia?", "¿Quién les dijo que era de ellos?, ¿De cual fumaron?" Aunque aquellos "salvajes" si entendían el concepto de propiedad de las cosas personales como sus herramientas, armas, vestimenta y vivienda – muchas tribus eran nómadas –, no les cabía en la cabeza la barbaridad de reclamar como suya la Tierra, la cual para ellos era un gran ente vivo y superior a ellos mismos.

Y de veras, ¿De dónde sacaron los invasores la idea de propiedad? Bueno, un poco de historia: La humanidad nómada eventualmente y poco a poco fue estableciéndose en territorios fijos gracias al desarrollo de la agricultura. Familias que antes eran cazadoras y recolectoras, estaban prosperando al mejorar su nivel de vida producto de ese cambio. Las parejas que antes no podrían tener más de dos o tres hijos debido a su vida itinerante – alta mortandad infantil - ahora criaban familias numerosas. Por supuesto que las tierras donde se asentaron eran valiosas para ellos, pues representaba la fuente de sus cosechas y donde pastoreaban todo tipo de animal domesticado que poseían. Esos territorios eran también muy codiciados por aquellos que aún no conseguían sus propios territorios. Muchos grupos deambulaban buscando la oportunidad de apropiarse de los cultivos, como parásitos que no sabrían como cultivar la tierra, o simplemente les resultaba más fácil tomar a la fuerza lo que querían. De modo que para las familias resultaba difícil la continua lucha para detener las hordas que querían despojarlos. Así que en aquellas sociedades primitivas surgió la necesidad de tener hombres bien alimentados y dispuestos a defender los asentamientos, las tierras y a quienes allí vivián. Surgieron "administradores" de aquellas comunidades, mismos que reclamaban grandes extensiones de tierra para sí, y luego las "rentaban" a otros, quienes tendrían no solo la tierra para trabajarla y vivir en ella, sino también contarían con la protección de aquellos recién estrenados reyes, jefes o como chingados les dijeran, a cambio de parte de sus cosechas, parte de su ganado, y por supuesto vasallaje fiel. El punto que quiero establecer es que los más fuertes e "inteligentes" aprovecharon sus recursos para subyugar a los demás. Hay que reconocer que aquel arreglo era necesario, pues hasta el tiempo que se organizaron así, los despojos de la tierra eran muy comunes. Históricamente cualquiera que tuviera un ejército poderoso, simplemente tomaba las tierras que quisiera en la inteligencia que serían de él, mientras tuviera el poder de defenderlas.

Los gobernantes legitimados en el poder pasaron de ser jefes de tribu, de clan o de familias extendidas a reyes, faraones, emperadores, ello con el paso de cientos o miles de años. Tenemos que recordar que el refinamiento de la religión fue a la par del refinamiento de la autoridad civil. Ahora los grandes señores habrían de dar títulos de posesión de tierras, títulos nobiliarios que vendrían acompañados de grandes extensiones de tierra mismas que podrían ser rentadas, prestadas o concesionadas a la gente común a cambio de un impuesto o vasallaje leal.

Cuando una tribu o clan prosperaba, pues lo natural es que creciera con el nacimiento de muchos hijos, esto evidentemente habría de requerir más territorios donde extenderse y por lo tanto habría que salir a conquistarlo. Si eran fuertes y además astutos, pues no llegarían simplemente a despojar a sus vecinos, sino que primero los subyugaban, luego formaban alianzas de cooperación y de esa manera conformaban ejércitos aún más fuertes, lanzándose a la conquista de nuevos territorios a los que no tendrían que administrar directamente, con tan solo pedir tributo o impuestos era suficiente. Los locales se encargarían de seguir trabajando la tierra y producir para sus conquistadores.

Un ejemplo sobresaliente de este sistema eran los antiguos romanos. Es bien sabido que el imperio romano creció y conquisto prácticamente casi todo el mundo civilizado de su tiempo, a tal grado que es famoso el dicho antiguo: "Todos los caminos llegan a Roma" y también, "Preguntando se llega a Roma". Supongamos que vivieras en ese tiempo y que ellos llegaran conquistando tu país. Primeramente, se aseguraban de que la estructura de gobierno y el tejido social fueran suficientemente fuertes para ser "sostenibles", entonces simplemente se aseguraban de que tú y tu gobernante, así como todas las demás personas, reconocieran el hecho de haber sido conquistados por Roma. Una vez conseguido eso, fijarían un impuesto para el emperador romano, tanto en dinero, así como en esclavos y/o soldados para formar parte de los ejércitos romanos.

En la edad media las cosas funcionaban más o menos como ya hemos explicado por lo que veíamos esas costumbres de renta o sistemas feudales por toda Europa, incluido por supuesto el lugar de donde venían los ingleses: El Reino Unido.

Una nota interesante: Cuando Cristóbal Colon arribó a las Américas, Llegó acompañado de aproximadamente 100 hombres divididos en tres carabelas, embarcaciones de no más de 25 metros de eslora. Entre ellos no había soldados, ni curas y tampoco mujeres. Esto porque el viaje era una expedición para explorar. La invasión vendría después. El propósito de Castilla – ahora España - era la invasión, la conquista y el despojo. Prueba de ello es que contrató a miles de mercenarios para que fueran subyugando a los pueblos originales. Estos hijos de su puta madre prácticamente hicieron lo que les daba su gana, asesinando, despojando y en el proceso, tomando a la fuerza a las mujeres que querían, dejando tras de sí no solo muerte y desolación, también muchos hijos iniciando lo que hoy son muchas naciones mestizas. De hecho, desde el norte de México y hasta Tierra de Fuego lo que encontramos en su mayoría son mestizos descendientes de europeos y la población original. No debemos demeritar toda la porquería que trajeron al continente con sus enfermedades venéreas, como la sífilis y otras tantas como la viruela, enfermedades que diezmaron a los nativos.

Por otra parte, los ingleses que llegaron al nuevo mundo eran familias y comunidades religiosas que vivían en un estado de marginación y en algunos casos, persecución en el viejo continente a causa de sus creencias. Ellos no se denominaban conquistadores como era el caso de los españoles, sino pioneros o colonizadores. Estos al ser comunidades bien definidas socialmente y compuestas de familias enteras, veían a los indios como "salvajes" a los que deberían mantener lejos o definitivamente exterminar con la finalidad de tomar sus territorios. Estos "cristianos" maravillosos no violaban "indias", simplemente las exterminaban junto a sus crías, pues al no ser "hijos de dios" como ellos, los pueblos originales no poseían lo que los pinches invasores denominaban "derecho natural" a la posesión de aquel hermoso territorio. Estos invasores no se mezclaron con los habitantes de esas tierras, por ello hasta el día de hoy la mayoría étnica en los países desde el sur de Estados Unidos hasta el polo norte es de origen europeo, blancos en su gran mayoría.

El "derecho natural" en el que se basan naciones enteras nace de la legitimación que dicen tener para sustentar la invasión y despojo de los territorios ajenos. Ya hemos explicado cómo los chamanes o sacerdotes legitimaron el poder. Había la necesidad de legitimar también la posesión egoísta del suelo que pisamos.

Hay muchas fabulas y cuentos de como los dioses nos dieron posesión de la tierra. Esta vez me concentraré en una que por su influencia en el mundo moderno vale la pena visitar: La fábula bíblica de la tierra prometida.

Resulta que había un individuo que le caía bien a su dios, primeramente, por ser descendiente de un linaje especial, de una línea que descendía del mismísimo Adán, primer hijo de su dios. Su nombre: Abraham. Este afortunado vivía en un territorio conocido como Ur de los caldeos, y era pastor de ovejas. Con eso de que ya para entonces la gente peleaba territorios para vivir, cultivar o criar ganado, a él deben de haberle caído de maravilla las palabras que su dios le dijo: "A tu descendencia daré esta tierra" refiriéndose a Canaán o lo que después llegó a ser palestina. Y así fue. Siglos después sus descendientes regresaron a invadir, conquistar y expulsar a los habitantes de aquellas tierras comandados por un caudillo nombrado ¿por quién crees? Por dios mismo. Este caudillo era Josué hijo de Jesé – no había apellidos en aquel tiempo – quien había recibido la estafeta de mando del mismísimo Moisés, el libertador del pueblo de Israel de la opresión egipcia por gracia y poder de su dios.

Pues ya con el "derecho natural" por delante, los israelitas se sintieron legitimados para ir matando y expulsando naciones enteras de delante de sí. Cabe mencionar que su dios les había ordenado matar a todos los hombres, sacar del vientre a los no nacidos, asesinar a los bebés y varones jóvenes, pero a las mujeres jóvenes y vírgenes, las podían tomar para sus placeres personales y como esclavas. Creo que a las feas simplemente las mataban. Y así fue como llegaron a poseer aquella tierra "prometida", tierra que emanaba "leche y miel". Disfrutaron de la posesión y uso de esas tierras por varios siglos, viviendo como pueblo subyugado de diferentes naciones poderosas tales como los babilonios entre otros y por ultimo los romanos. - Los israelitas o judíos fueron desterrados del territorio que habían conquistado y esparcidos por el mundo conocido por los romanos en el primer siglo de nuestra era, su templo y registros genealógicos destruidos. A partir de ese tiempo y por casi dos mil años fueron parte de muchas naciones, pero nunca tuvieron un territorio como nación. Fue hasta el año de 1948 que se declaró la independencia del nuevo estado de Israel. Pero ¿Qué crees? Fue constituido en los territorios que tomaron a la fuerza de los árabes que tenían cientos de años viviendo allí. Muchas naciones protestaron, otras los apoyaron argumentando el "derecho natural" que sustentaba a los invasores. - El conflicto sigue candente hasta nuestros días -.

El precedente legal para occidente había sido establecido. Toda nación que tuviera un "derecho natural" a la tierra, podría tomar la que deseara por la fuerza. Claro que, si los invadidos resultaban vencedores, ese "derecho natural" no sería defendido por un dios que guardaba silencio mientras la bola de pendejos era madreado, masacrado y salía con la cola entre las patas. - Ese "derecho natural" era posesión de todas las naciones "cristianas" o de origen abrahámico, ya que la promesa de dios era para la descendencia natural de Abrahán y más adelante a los auto declarados hijos de dios mediante una "nueva" religión: el cristianismo. Ahora se aferraban a la palabra de dios que los declaraba "justos" y por lo tanto herederos de la Tierra -.

Estaba ya visto, el sistema de cosas, sus reyes y chamanes habían logrado lo que ninguna otra especie: Joder al planeta entero mediante declararlo propiedad dada y heredada a los pendejos aquellos y presentes, con un "derecho natural" de hacer con su propiedad lo que les viniera en gana y de reclamar hasta donde la vista les alcanzara como herencia divina, valiéndoles madre los habitantes que tenían la posesión.

Las sociedades primitivas y después las del medievo necesitaban ciertas garantías para poder subsistir, también las modernas necesitan certidumbre en muchas cosas para lograr mantener los engranes girando y los ladrillos en su lugar.

Es una angustia constante la que se siente cuando no sabes si el día de mañana alguien te pudiera expulsar de tu casita, alejarte de lo que conoces y entonces peregrinar junto con tu pareja e hijos en busca de un nuevo refugio, sabiendo que, de ese también, eventualmente te despojarán. Tristemente hoy día eso es lo que pasa en algunas naciones subsaharianas. En occidente las cosas son diferentes, pero hace cientos de años eso también allí era el pan nuestro de cada día.

Todos sabemos que para que una pared de ladrillos resista las tempestades, debe de tener buen fundamento o cimiento. De igual manera los engranes de una maquina deben de estar debidamente asegurados a su eje para girar en plena armonía unos con otros.

Bueno, bajo la falta de arraigo o seguridad de ello, una sociedad no pudiera construirse pues es el arraigo la principal fuerza que cohesiona una sociedad. El mecanismo de arraigo tiene su origen en los genes. Todas las especies lo integran en su conducta. Por ello vemos manadas recorriendo juntas vastos territorios, así como conviviendo dentro de un entorno definido. El arraigo permite incluso que se tenga un apego a una porción de terreno, sea pequeño o sean grandes extensiones por las que se desplazan. Nosotros no somos la excepción ya que tenemos integrado en nosotros el concepto de comunidad, patria y hogar. Esto es el lazo invisible que nos ata al lugar donde nacimos y crecimos. Nadie puede negar ese cariño por el terruño, los amigos con los que creciste y por supuesto, la comunidad que te cobijo en la infancia.

De ese mecanismo natural, también se aprovecharon. Las personas hacemos lo que sea por conservar nuestro estilo de vida. Crecemos aprendiendo una manera de convivir, adquiriendo costumbres y gustos que amamos y sin los cuales perdemos identidad – eso creemos –, y esa identidad y forma de vida está profundamente ligada con la tierra, con el terruño. Los humanos desde el nacimiento del sedentarismo han vivido conectados directamente con la tierra, amarrados literalmente a ella. Antes de la agricultura había un vínculo entre el hombre y los territorios donde cazaba, pero ese vínculo era un hilo muy largo, que como a los mayates, le permitía desplazarse más allá del horizonte. Pero una vez se hizo sedentario, el hilo se hizo diminuto, y el mayate ya no voló muy lejos.

El arraigo al territorio donde nos desenvolvemos se observa en casi todas las especies. Desde leones hasta ardillas todos defienden las zonas donde viven. El ser humano evolucionó de una manera que fue mucho más versátil que la mayoría de las demás especies, pues ya no sentía la necesidad de quedarse en un solo lugar, como los changos de los que descendía. Había desarrollado la habilidad de perseguir el horizonte y sin miedo aventurarse a territorios desconocidos en busca de mejores cotos de caza, de climas más favorables y de entornos más amables. El homo sapiens era un nómada y permanente migrante en persecución de su alimento.

Los territorios por los que se desplazaba eran enormes y cuando le eran conocidos los recorría en ciclos migratorios que duraban todo el año, pero de ser necesario se desplazaba a otros más lejanos hasta que decidía hacer de esos grandes territorios su nueva fuente de alimento. Tenía más razones para una vida itinerante que permanecer asentado en un solo lugar. El homo sapiens era libre de los lazos del arraigo como lo conocemos hoy.

Tratar de atar a alguien que no tiene razones para quedarse es un esfuerzo inútil y así lo entendieron aquellos que veían en las comunidades cohesionadas una fuente de seguridad y por supuesto de poder. Cuando alguna comunidad empezaba a formarse, los desacuerdos ocasionaban desbandadas pues los miembros eran personas con las habilidades de sobrevivir sin el soporte del grupo y eran capaces de formar nuevos grupos que a su vez se fragmentaban cuando nuevos desacuerdos surgían, así que esos ciclos eran repetitivos y hacían prácticamente imposible la cohesión de los grupos de modo que sociedades más complejas se pudieran construir. Como ya se mencionó, los "hombres sabios" se inventaron maneras de evitar que las desbandadas continuaran, siendo una de ellas los miedos creados a partir de la superstición. La vastedad de la naturaleza ya no era un territorio con brazos abiertos a la conquista, sino una tierra de espíritus lejanos, crueles y demoniacos. Si se quería vivir una vida sin el terror de ser victimizados por esos espíritus o dioses, debieran permanecer en la seguridad de los ritos y sacrificios que los chamanes ofrecían, a fin de mantener a esos espíritus malignos lejos y apaciguados. Cuando con diferentes trucos y actos mágicos lograron convencer a todos de esas pendejadas, los grupos, aunque nómadas, eran grandes y capaces ya de defender sus territorios contra otros grupos menos "avanzados" y menos numerosos. La unión hace la fuerza.

Cuando el hombre descubrió la agricultura y domesticó algunos de los animales que cazaba, surgió el sedentarismo – ya lo habíamos explicado – y con el sedentarismo la necesidad de asegurar la posesión de la tierra. Después de siglos de sufrir despojos y desplazamientos, las personas deseaban la tranquilidad que los poderosos ofrecían mediante la renta o venta condicionada de los territorios para sembrar, criar animales y por supuesto vivir con sus familias. Las sociedades no lograban consolidarse pues a pesar de que algunas familias se quedaban, la gran mayoría seguía teniendo la necesidad de migrar siguiendo ahora no animales que cazar, sino temporadas para sembrar y cosechar. No tenían razones para quedarse a pasar hambres si había en otros territorios mejores condiciones para trabajar la tierra, misma que de hecho no era suya.

La mano de obra para trabajar los campos era mayormente población flotante, compuesta de campesinos que como mencioné viajaban de un territorio a otro, dejando a los "dueños" con la incertidumbre de no saber cómo asegurar la siembra y la cosecha. ¿Por qué habrían de quedarse? Las tierras no eran "suyas". Sabían que, si se esforzaban, pudieran eventualmente reclamar territorios lejanos junto con otras familias con las que se agruparían. Entonces surgió la magnífica idea de hacerlos dueños de los campos que habrían de trabajar, obligándolos si o si a quedarse y de esa manera generar el arraigo de las gentes asegurando la posibilidad de construir sociedades más fuertes pero controladas por ellos – los lideres y los chamanes -. Y así fue como esos cabrones inventaron el concepto de la propiedad privada.

Si tuvieras grandes extensiones de tierra, las cuales rentabas por una cantidad fija o parte de la cosecha, lo mejor que te podía pasar era tener inquilinos productivos y constantes. El precio de la renta no solo era dinero, sino que venía con la obligación de vasallaje, del reconocimiento de que el "señor" de la tierra estaba en una posición muy superior, y que servirle era un gran privilegio. A nadie que renta una propiedad le gusta tenerla vacante. La generación de tu riqueza vendría directamente de esas rentas y los "siervos" que adquirieras serían de gran ayuda para sostener tu poder sobre tus territorios. El problema era que los que las rentaban tenían sueños propios de conquistar terrenos para sí mismos y muchos se aventuraban a tratar de realizarlos, algunos otros por no contar con la fuerza militar para la conquista o simplemente estar jodidos, pues no les quedaba otra opción que trabajar las tierras que no eran suyas, condenándose a sí mismos a una vida de servitud. ¿Qué tendrías que hacer para retener a esa población flotante? Transformar a grandes cazadores en simples sirvientes aprovechando su necesidad de pertenencia, de arraigo.

Tienes que tomar en cuenta que sin importar en que época o tiempo se encontrara la humanidad, el conocimiento era una posesión preciada de unos cuantos. Solo los gobernantes, sacerdotes, jefes o chamanes eran capaces de tener y administrar dicho conocimiento. Así que la gran mayoría, la gente común eran sumamente ignorante y llena de supersticiones. Para ellos la administración de la tierra se limitaba a realizar las tareas que sus "señores" les imponían. Conceptos de aritmética y control de inventarios eran cuestiones "mágicas" para ellos. El fenómeno de atrasar o contener la inteligencia se dio mediante el vasallaje. Te explico: ¿Recuerdas a los africanos secuestrados en tiempos de la colonia? Muchos de ellos eran grandes guerreros, poetas, intelectuales. Algunos de ellos eran incluso jefes de grandes clanes. En las guerras por territorio en el continente africano, las tribus vencedoras arrastraban a los perdedores a mercados de esclavos que los europeos habían organizado en la costa occidental de África. De ahí los embarcaban y esos otrora hombres libres terminaban trabajando en las plantaciones en las américas – Fueron llevados a muchos diferentes lugares, pero nos concentraremos en los que terminaron en manos gringas –.

La primera generación de secuestrados tendría una cultura interesante, pero, sobre todo, seguramente tendrían toda la plenitud que la libertad le puede permitir a un individuo sin el condicionamiento de alguien esclavizado. Pero los pinches esclavistas los reprimieron a tal grado, que las generaciones subsecuentes no tendrían ya la habilidad de conquistar un entorno salvaje como sus antepasados. Fueron degradados a un estado de completa ignorancia y tratados como simples bestias de carga, animales de trabajo. Era tal la marginación y represión, que un esclavo de nacimiento se expresaría de una forma con mucho deficiente, en comparación incluso con los pendejos más ignorantes de sus opresores. Un fenómeno parecido pasó con la gente común en el tiempo de los grandes "señores". La receta era muy sencilla: personas ignorantes, son personas fáciles de manipular. Con cada generación los poderosos y sus chamanes se hacían más fuertes en conocimiento, pero en la medida que la clase dominante y clerical acumulaba más conocimiento, la gente común se hacía más ignorante, más supersticiosa y por tanto con menos capacidad de pensamiento crítico. Ahora todos eran asignados a funciones básicas en los grandes latifundios. Si tú eras cuidador de puercos, tus hijos y nietos serían cuidadores de puercos. Todos los oficios eran heredados de padres a hijos y el conocimiento de tales oficios era tan valioso, que muchos padres prácticamente regalaban a sus hijos a maestros de esos oficios en una condición de esclavitud con la finalidad que estos aprendieran el oficio. Para alguien ignorante y supersticioso el vivir en un lugar donde se sintiera "protegido" y se le diera cierta seguridad de alimento y techo, eso sería una bendición de dios. Así que la gran mayoría no solo sufría de una marginación constante, sino que la defendería con su vida para permitir a su descendencia "disfrutar" la seguridad que le proporcionaba su "señor".

Así como la sexualidad y otras cualidades naturales habían sido torcidas, la lealtad de manada no fue la excepción. Dentro de los grupos de poder, los grandes "señores" entendieron desde hacía miles de años, que los machos dominantes necesitan otros machos que les ayuden a asegurar su posición. Recuerda que los chamanes legitimaron a los machos dominantes, de manera que los demás machos se sintieron obligados a defender esa posición contra posibles "usurpadores", pues reconocían el derecho "divino" de gobernar de los pendejos en el poder. Surgieron aquellos que bajo un código casi religioso de lealtad a su "señor", defendían y aseguraban el orden establecido. A cambio sus soberanos les concedían títulos que venían acompañados de grandes extensiones de territorio. Estos títulos y sus propiedades aseguraban un estatus para ellos y daba a su decendencia la posibilidad de ser privilegiados también.

La Tierra, otrora considerada madre, se encontraba reducida a simple objeto de propiedad de unos pinches hijos de la changada – literalmente -. Ese glorioso planeta era ahora una herencia inmerecida a hombres que lejos de saber qué hacer con él, ahora lo condenaban junto con sus maravillosos hijos a la extinción. El hombre ha probado que de todas las criaturas que han existido sobre este planeta, es con mucho el más pendejo e inadecuado de siquiera existir en él. Es tan estúpido, que no conforme con no saber cuidar este planeta, ahora busca localizar y colonizar otros planetas. La propiedad de la Tierra, la posesión de personas para trabajarla, y el espejismo de ser amo sobre gentes y territorios ha hecho olvidar a los hombres poderosos que su existencia es efímera y que su recuerdo será olvidado. Sus vastos dominios serán propiedad de alguien más y que morirán con la incertidumbre de no tener la seguridad de que sea su decendencia la que se enseñoree sobre sus logros. No se llevarán en su muerte siquiera la tierra que los cubra, pues simplemente se pudrirán hasta desaparecer y cuando los gusanos se los hayan tragado no quedará nada de esos vastos dominios que en realidad siempre estuvieron en su imaginación. No se llevarán al plano de la inexistencia ni los grandes latifundios que creyeron poseer, pero tampoco esa poquita de tierrita en las uñas.

Capítulo XI

SOY PENDEJO POR PENDEJO

Estaban dos compadres viendo un partido de fútbol, cuando uno de ellos le dice preocupado al otro: "Compadre, hace días que quiero decirle algo…" De repente es interrumpido "¿ya vio la jugada compadre?" - "Pero compadre, tengo que decirle algo de mi comadre, ¿me entiende?" insistió nuevamente - "pinche arbitro ciego" volvió a interrumpir - "Pero compadre, mi comadre no es derecha con usted, ¿me entiende?" - "¡Mire nomás a estos pinches abanderados!" siguió interrumpiendo "Si está claro el fuera de lugar, pinches vendidos" El otro desesperado gritó: "Compadre ¿Mi comadre lo engaña con otro? Qué ¿No ENTIENDE?" El compadre sin siquiera voltear le contesta inmutado: "Bueno compadre, ¿Y si no QUIERO entender?"

Queda claro que el hombre engañado estaba consciente que su amorcito se daba revolcones con alguien más, pero pareciera que eso no le quitaba el sueño. El compadre probablemente quedo muy sorprendido de la reacción de su amigo del alma, pero ni pedo. Una cosa era segura: a partir de la revelación de uno y de la reacción de otro, la amistad nunca sería la misma, si acaso continuaba.

El grueso de la población mundial vive enladrillada o atrapada en la realidad que le fue asignada y como ya hemos explicado, esa realidad no es más que un espejismo. Estos espejismos son tan diversos como culturas existen en el mundo. Estas culturas engloban tres aspectos importantes: La idiosincrasia, La religión y el tipo de gobierno.

Cada uno de nosotros tiene como mecanismo natural el deseo inconsciente de pertenencia, así que en nuestra vida adulta y después de haber sido indoctrinados durante nuestra niñez, pues vamos por la vida tratando de encajar y probar a los demás que somos un ladrillo de la misma construcción. Expresamos ideas políticas, preferencias deportivas e incluso adoptamos los modismos de la tribu urbana con la que nos identificamos. Para nosotros nuestra cultura es lo mejor que nos ha pasado y la defenderemos con pasión. Yo he escuchado a un sinnúmero de personas expresar que: como su país no hay dos. Esto nos lleva a un aspecto aún más delicado: La religión.

Tenemos que reconocer que esta vida en sí misma está llena de males necesarios. Los liderazgos, gobernantes, reyes y demás maneras de control de unos sobre otros son y han sido necesarios para la construcción de la sociedad como la conocemos hoy. La humanidad no ha sido capaz de evolucionar de otra manera – es lo que hay -. De igual manera los chamanes y grandes religiones le han dado al hombre una "brújula" moral y también han dado una explicación, aunque estúpida, pero necesaria a las gentes que requieren muletas de vida, que desafortunadamente son la gran mayoría.

Lo ideal hubiera sido que, al evolucionar, el hombre hubiera estructurado su sociedad pensando sin miedo en darle a la mujer su lugar como real compañera del hombre, sin sumisión, pero cooperación, sin dominio sino igualdad. ¿Te imaginas un mundo donde los animales tuvieran el mismo valor y derecho a la vida que el ser humano? En un entorno donde el hombre vive en armonía con la naturaleza no hay cabida para grandes centros urbanos. En un mundo donde el dinero y sus conceptos no existen las personas habrían de simplemente cumplir con su siclo de vida sin tantas cargas adicionales. Simplemente viviríamos.

Desafortunadamente no es así.

Diseccionemos:

La humanidad se divide en tres grupos de personas: Los que viven engañados sin saber, los que viven engañados a sabiendas y los que estando en cualquiera de los dos grupos, se sienten redentores y andan tratando de "desengañar" a los demás.

Los primeros son la generalidad de los habitantes del planeta que vamos en automático dando los pasos que se esperan de nosotros de acuerdo con el programa trazado por los "jefes" y "chamanes" modernos. Esa generalidad de habitantes no tiene cosas realmente interesantes que analizar que no se hayan dicho ya, pues simplemente son ladrillos o engranes y allí estarán y eso serán hasta que mueran.

Los segundos son una clase interesante, pues reconocen que todo es una mamada orquestada para el control de las masas, pero aceptan seguir bailando al compás que les toquen pues derivan grandes beneficios. Y es que algunos son parte del directorio de las mafias del poder, y otros, sus segundas manos, terceras manos y pies, mejor dicho: los lacayos que sirviendo a esos amos saben que aseguran un buen trozo del pastel para ellos y su descendencia.

Los terceros son la clase más interesante de las tres pues se compone de los dos primeros, pero agregan un ingrediente adicional: La evangelización.

Te explico: Por miles de años los sistemas se han sostenido gracias a que la gran mayoría de los que los componen creen firmemente que el orden de las cosas está como debería de ser. Creen que está ya demostrado que tanto gobernantes como clérigos tienen el respaldo innegable de una legitimación. Muchos han dado de manera noble, heroica y honorable su vida por defender sistemas de gobierno y en el ámbito religioso, muchas personas han dedicado su vida de manera desinteresada a muchas actividades nobles para beneficio de su comunidad. Tristemente la gran mayoría de quién enarbola una religión se han sentido con el poder y el derecho "divino" de imponer sus puntos de vista a punta de putazos.

Estaba una persona expresando lo siguiente: "Creo firmemente que con dialogo cualquier conflicto puede ser resuelto sin necesidad de violencia" - "Entonces", replicó alguien "¿Por qué me acabas de dar un madrazo?" - "¡Porque no me dejabas hablar, chingada madre!".

Nuestra naturaleza expresada a nivel genético muestra nuestra necesidad inconsciente de tener la razón. Es un mecanismo que da una excusa inherente a cada cosa que hacemos. De tal modo que tenemos una certeza de resultados acertados. Sin este mecanismo que se ejecuta en segundo plano, no sería posible tener la motivación para cualquier proyecto a emprender, desde cruzar un arroyo, asechar una presa o solicitar amor a nuestro objeto de interés. Solo cuando nuestra lógica consciente establece dudas razonables, es cuando entra la inseguridad y no cruzamos el arroyo por su fuerte corriente, no acechamos a la presa por saberla más fuerte y no solicitamos amor a quien nos parece ya sea fuera de nuestro alcance, o muy bella para nosotros –jejejeje-.

De modo que ese mecanismo nos impele no solo a creer en nuestra razón, sino también el querer que los demás la acepten como verdad. No puedes estar adorando a un árbol y quedarte tranquilo mientras los que te observan piensan que estas bien saturado de marihuana. Hay una necesidad de excusar tu adoración mediante predicarle a los demás las razones maravillosas que tienes para creer que un árbol es un dios verdadero. Ese es el lado amable. Si tienes el poder, entonces a bola de putazos harás que todos se pongan de rodillas ante tu roble sagrado. Aquel que crea que su santo rumiante es más milagroso que tu Lignum Crucis y no quiera dejarla para seguir tus enseñanzas acerca de la madera sagrada, pues simplemente lo pondrás a rostizar, lo torturas o simplemente lo clavas a un madero y asunto arreglado. Los que vean de lo que eres capaz, simplemente fingirán y exclamarán en alabanza: "¡Gloria al santo palo!"

Estamos viviendo en un tiempo que mucha gente ya no se chupa el dedo y en consecuencia ha hecho todo esfuerzo por desligarse de las creencias y mamadas que lo tenían atado. Hasta ahora todo está muy bien, pero el problema radica en que entonces empiezan a querer desconectar a los demás e inician campañas de liberación, que lo que hacen es simplemente cuestionar a los demás y su forma de vivir. Un ejemplo de ello es la constante predica de las ciencias de la felicidad. Un montón de "iluminados" te incitan a que tomes el camino a la felicidad, que seas "feliz", que la felicidad está a tu alcance, que no eres feliz porque no quieres y muchas mamadas como esa. Incluso miles de libros se han escrito enumerando pasos para conseguir dicha felicidad. - Al ser un concepto abstracto, nadie se pone de acuerdo en su definición exacta -.

Las personas ya tienen un cumulo de cosas que las atan, y agregar tanta mamada para conseguir una "felicidad" que nunca llegará, solo aumenta el peso que la gente ya trae sobre sus hombros. Es simplemente recordarles lo infelices que son.

Es similar a las pendejadas relacionadas con el éxito financiero: Tanta mamada de cómo hacerte rico teniendo mente de millonario y de tiburón, es un recordatorio constante de cuan jodido estas y de lo imposible que es hacer dinero de la nada.

Pura pinche frustración añadida a tu ya miserable existencia. Literalmente.

Tanto religiosos, como adherentes a los partidos en el poder, o corrientes políticas, o ideologías sociales, todos tienen una gran necesidad de colonizar tu mente creyendo que con sus ideas pendejas han de liberarte a ti de tu propio pendejismo. Tienen derecho, pero no significa que tengan la razón.

Hay un dicho que reza: "Ojos que no ven, corazón que no siente"

Me pongo a pensar que pasaría si de repente dejara de existir la religión. Lo más seguro es que muchas personas no encontrarían ya una explicación para el estado miserable de la humanidad, pues esa mamada del pecado original de Adán y Eva dejaría de ser una explicación a la indiferencia de los dioses por el sufrimiento humano. Saberse solos en la vastedad de universo es simplemente algo tanto insoportable como incomprensible para alguien que ha requerido de una muleta que les dé apoyo a sus inseguridades existenciales.

También está la cuestión de los gobiernos e instituciones. Ciertamente si se derribaran los poderes de un día a otro, el caos que derivaría de ello es impensable. Cuesta imaginar como pudiera ser el orden social sin policía, sin bomberos, sin tribunales, sin jueces ni soldados.

Tal parece que estamos más jodidos de lo que creíamos estar. Bueno, esto es solo cierto si seguimos pensando con la misma constante que hemos venido aplicando: Vivir sin reconocer nuestra esencia.

Pudieras recordar que nuestro pendejismo es hacer las cosas como pendejamente nos han enseñado a hacerlas: Siguiendo un programa que refuerce el adoctrinamiento.

¿A quién tendríamos que preguntarle? ¿Quién nos puede de verdad enseñar? ¿Quién de verdad quiere que mejoremos? ¿Quién se beneficia de que mejores? ¿Quién en realidad se beneficia de que seas cada vez más apto para este planeta?

La respuesta es sencilla: ¡Dios nuestro señor - jajajajajajajajaja – Just kidding!

¡La naturaleza, pendejo, la naturaleza! - el "pendejo" es para mí por haber puesto "Dios nuestro señor"-.

La naturaleza es nuestra mejor maestra ya que ha demostrado ser la mejor referencia para el aprendizaje, pues todo lo que ha desarrollado tomándose millones de años con sus mecanismos evolutivos misteriosos, ha resultado en ecosistemas complejos, pero completamente funcionales. Todos los entornos naturales han prosperado y cada uno de sus elementos tanto flora como fauna se han desarrollado al punto de ser organismos complejos pero bellos, piezas fundamentales para la continuidad conjunta de la vida.

Si escucháramos a la gran maestra tal vez nos exigiría: ¡Ya déjense de mamadas!

Tal vez es tiempo de escucharla, dejarnos de mamadas y reconocer nuestro verdadero papel en la muy intrincada red de la vida. Tal vez sea tiempo de reconocer que no somos más que una especie homínida que tuvo la suerte de evolucionar al punto de entender nuestro entorno de una manera excepcional, pero que tristemente utilizamos como especie toda esa inteligencia solo para el beneficio de unos cuantos, pero desgracia de todas y cada una de las demás especies.

Una historia, tal vez de la vida real:

Estaba un individuo pescando a la orilla del remanso de un rio, cuyas aguas venían impetuosas de una gran cascada a tiro de piedra. Se encontraba recostado a la sombra de un frondoso árbol y arrullado por los suaves murmullos de la corriente. En eso se escuchó a la distancia el sonido de ruedas sobre la brecha, y entre las enramadas surgió una gran camioneta SUV imponente, obviamente nueva y costosa. Con la calma del que descansa, bajaron de ella una familia que pronta acomodó objetos de obvio picnic. De una se escuchó la voz del que conducía el vehículo y exclamó dirigiéndose al pescador: "¡Disculpe usted, no lo había visto!, espero no seamos de gran molestia". - "Sin problema, bienvenido, pásela bien" le contestó el oriundo. Al cabo de un rato y ya al punto de estar sacando carne cocida del asador, el visitante ofreció un plato junto con una cerveza fría al lugareño y después de un rato de entre comer, beber y conversación casual, finalmente el visitante preguntó: "Oiga, ¿Usted no ha vivido en la ciudad?" - "Pues no, ¿Cómo para qué?" contestó - "¿Como para qué?, ¡Pues para que valla a la escuela!" exclamó el citadino- "Como para que, si en el pueblo aprendí a leer y escribir" contestó nuevamente. "Para que estudie una carrera universitaria" - "¿Cómo para qué?

Acá se trabaja la tierra" aseveró - "Pues para que tenga un trabajo y pueda como yo tener vacaciones y disfrutar de todas estas cosas de la vida ¡Para eso pues!" - El hombre lo miró fijamente y preguntó: "Usted trabaja todo el año para poder venir a disfrutar esto, ¿verdad?" - "Si, claro" contesto con convicción el visitante. - "Hay señor, todo lo que usted tiene que hacer para visitar este lugar, yo en cambio, sin tanto brinco, ¡pues vivo aquí!".

Tal como el visitante quiso colonizar la mente del oriundo con un estilo de vida que se probó pendejo por sí mismo al ser destruido por un razonamiento sencillo del que lo escuchaba, así otros o nosotros mismos perdemos el punto de vista más realista de las cosas y nos estrellamos con la realidad más seguido de lo que nos gustaría. Es cierto que nadie tiene la formula exacta ni la verdad absoluta, pero nuevamente, la naturaleza muestra cual es el ángulo o perspectiva desde la cual podemos ver las cosas más claras.

Los etólogos no han nunca visto y concluido que los animales, para este caso en particular, los primates, vivan estresados por temas como: crédito, hipotecas, urbanización, servicios, educación superior, el pago de la renta, desempleo y etiqueta social. Ni a sus crías quejándose de acoso escolar, traumas de la niñez y mucho menos de malos tratos de sus maestros, calificaciones y perspectivas educativas para el futuro.

Claro está que me dirás que estoy bien pendejo pues estamos hablando de especies menos complejas que la nuestra. Pero yo te contestaria, sin miedo a equivocarme, que las complejidades humanas son puras mamadas creadas por humanos para precisamente eso: Separarte de la naturaleza como parte de ella. Los primates y todas las demás especies son exactamente lo que nosotros somos y viceversa: Seres que buscan la supervivencia y la continuidad de su respectiva especie. Nada más ni nada menos.

¿Qué es realmente lo que se necesita para sobrevivir y reproducirse? Creo que la respuesta es obvia: Muchas cosas, pero no tantas como nos han hecho creer.

Aquí citaremos por tercera ocasión a Mark Twain: "Es más fácil engañar a alguien, que convencerlo que ha sido engañado".

Corrígeme si me equivoco:

Naciste desnudo y fue el adoctrinamiento el que te dijo que estar desnudo a la vista de otros es "moralmente" incorrecto.

Observas que todo lo que nos rodea tiene un principio y un fin y que la muerte es un proceso natural al que todo ser vivo se dirige inevitablemente. Pero a ti te adoctrinaron que tú realmente no mueres, sino que continuas en un camino o plano de conciencia diferente y que por lo tanto eres eterno.

Te han enseñado que dios existe y que, sin importar su nombre o nombres, tiene el poder de crear grandes universos. Que premia el bien y castiga el mal, pero personalmente nunca lo has visto, ni escuchado — hablo de alguien sin esquizofrenia — pero más importante aún: No lo has visto en acción poniendo fin a las miserias humanas pues te han dicho que lo hará muy pronto, y ese pronto se ha convertido en miles de años. Te han platicado lo que los dioses han hecho, pero tú no lo has atestiguado. Sin embargo, te aferras a ese salvavidas como única muleta a tu falta de resignación a la muerte y como única explicación a como esta de la chingada la humanidad.

Miras como los "expertos" tratan de arreglar el mundo con sus soluciones económicas, políticas, sociales, pero se te olvida que sus soluciones son ciegas y estúpidas. Basta ver cuantas crisis económicas se han repetido a nivel mundial. Y ni que decir de soluciones como la ONU que prometió en su formación una paz que lejos de llegar, se muestra ausente en los conflictos bélicos de nuestros días. A pesar de lo anterior, sigues confiando en sus predicciones, soluciones y no solo eso, defiendes sistemas políticos y catálogos de creencias que ni siquiera eres capaz de entender tú mismo.

La naturaleza, sin embargo, no se anda como tus antepasados por las ramas. Se muestra pura, brutal y constante. No le pone recubrimiento esponjoso a las pedradas que te manda. Simplemente te dice sin intención de quedar bien, como son las cosas.

Es más sencillo aceptar que la muerte es necesaria para la vida, que andarse inventando cuentos para explicar la existencia del "bien" y el "mal". La naturaleza se inventó un proceso que de manera aleatoria determina quien vive y quien muere. Ha mostrado que ese proceso asegura la supervivencia del más apto, y de ese modo se reproducen solo aquellos que se ganen el derecho de hacerlo, mediante mostrar fuerza e inteligencia en los retos que el azar les impone. Un ejemplo: El caribú (Rangifer Tarandus) es un mamífero de la familia cervidae – Un venado, pues -. Este viaja durante casi todo el año y llega a recorrer hasta cinco mil kilómetros, haciéndolo bajo un clima helado, pues habita en las grandes tundras y taigas. Se desplaza en grandes manadas y como has de imaginar, durante su peregrinar, pues tiene que alimentarse, reproducirse, cuidar crías y por supuesto, sobrevivir a las condiciones climáticas y peor aún, a sus depredadores naturales. Ellos no tienen un seguro de salud que atienda sus lesiones al viajar, mucho menos un plan que asegure su optimo estado físico y les de tratamiento contra las enfermedades, parásitos o cualquier otra eventualidad. ¿Cómo es que han logrado sobrevivir como especie? La selección natural.

Pudiéramos pensar que en un grupo de esa misma especie en un momento dado hay treinta machos de la misma edad. No cuesta mucho trabajo entender que no todos son igual de fuertes, y que una plaga como la mosca zumbadora no tendrá el mismo efecto en unos y otros. Lo cierto es que hasta un virus afecta de manera diferente a cada organismo. Lo puedes ver con tus conocidos, que mientras a unos los mata una simple gripa, otros sobreviven, aunque les pase un camión encima. Los caribúes del mismo modo. Así que es la capacidad de su organismo de asimilar las heridas y combatir las enfermedades la que determinará quien sobrevivirá. La fortaleza física es un rasgo que se hereda a las crías por medio de los genes. De modo que aquellos con un mejor sistema inmunológico y con la fuerza de hacer los grandes viajes son los que finalmente se reproducirán. Está de más decir que en la medida que envejezcan o enfermen irán siendo eliminados de la manada gracias a que los depredadores siempre se tragan primero a los rezagados. Al caribú se lo traga el lobo gris, el oso, y en el caso de las crías súmale el águila real y los glotones.

Por otro lado, está el lobo gris (canis lupus), quien, al ser un depredador, necesita un alto grado de desempeño físico. Perseguir caribúes no es cualquier cosa, por lo que en las manadas se requiere participar junto con otros en una labor de equipo para acorralar y matar presas. Cuando hablamos de este animal tratando de derribar presas más grandes que él, como el caribú e incluso alces, se entiende que solo pueden tener éxito si combinan sus esfuerzos, de allí, que cuando uno de ellos ya no es apto para la caza, pues simplemente lo relegan al punto en el que morirá, ya sea por las heridas ocasionadas por una víctima que se defiende o por su proceso natural de vejez. De esa manera, se asegura que solo los más aptos sobrevivan y se reproduzcan. Al igual que todas las demás especies, todas las fortalezas físicas son registradas y heredadas genéticamente.

Aquí la pregunta: ¿Quién es el malo? O será que como nos han hecho creer, ¿La victima es el bueno? La realidad se muestra contundente: Ninguna de las dos cosas. Simplemente la naturaleza ha puesto en un lugar a cada especie en la gran cadena alimentaria y cada especie ha peleado su lugar en ella mostrándose más apto para sobrevivir y reproducirse, que es al final del día lo que la naturaleza quiere y prefiere.

Podríamos poner una infinidad de ejemplos como los anteriores, hablar de cocodrilos y cebras, leones e impalas, orcas y focas y muchísimos más. La realidad en la naturaleza es que para que alguien viva, alguien tiene que morir. Así de simple.

Pero lo bonito del sistema natural, es que como ya expliqué: Una cosa es el encerrar especies, secuestrándolas de su derecho de libertad y supervivencia a que esas mismas especies mueran por la simple lotería natural de enfrentar valientemente su muerte por débiles, por viejas o por pendejas. Dicho en términos humanos. No es lo mismo que alguien muera en libertad en sus propios términos a que alguien esté preso esperando el día de su ejecución - aun cuando "lo merezca".

La belleza de la civilidad no debería ser el triunfo del control sobre las masas, ni la "prosperidad" que trae la búsqueda enfermiza del dinero. Debería ser una conciencia apegada a la naturaleza, una conducta en sintonía con nuestra esencia.

Somos animales, somos naturaleza, pero eso no significa que nos hemos de comportar como chimpancés golpeando a las hembras, violándolas y subyugándolas.

Una conversación:

Estaba yo comiendo con dos de mis hijas y llegado un momento empezamos a hablar de como ciertos actores de Hollywood habían sido víctimas de acoso e incluso de violación. Y de como miles de mujeres son acosadas en su lugar de empleo, y de como algunos dicen – verdaderos ignorantes - que muchas veces la víctima es quien pudiera evitarlas pero que aparentemente está "de acuerdo" con ese acoso al continuar en el lugar de trabajo o no huir de la situación a tiempo. Mis hijas, quienes son apasionadas defensoras del derecho de la mujer a disentir, a decir "¡NO!" de momento no comprendían como yo pensaba que los acosadores, los violadores, simplemente estaban actuando bajo sus instintos originales más básicos. Que es precisamente esa forma de actuar solo una consecuencia de conductas primitivas grabadas en nuestro código genético. De hecho, la biología así lo prueba. Pero hay un pequeño gran detalle.

A diferencia de nuestros peludos antepasados, de nuestros primos los changos y de todos los demás mamíferos, nosotros como especie evolucionamos al punto de desarrollar una inteligencia capaz de modificar nuestro entorno, construimos conceptos sociales y acumulamos conocimiento que nos permite entender nuestros orígenes, visualizar el futuro y buscar la felicidad. Cierto es que la hemos cagado al construir esos ordenes sociales basados en la marginación de la mujer, el desprecio a los que son "diferentes" y a la explotación de los más débiles o pendejos. Pero el aspecto maravilloso que rescatamos de todo ese desmadre en que nos hemos convertido es LA CIVILIDAD.

Eso significa que más que impulsos primitivos, lo que debe de gobernar nuestra conducta es primeramente el reconocer que la tranquilidad es el fundamento de la felicidad y que el respeto de la paz. No nos gustan las situaciones en la que nuestra tranquilidad o paz es perturbada, por lo que buscamos siempre sentirnos tranquilos y sabernos seguros ¿verdad? No sería el caso si hay alguien queriéndonos coger a la fuerza. Reconociendo lo anterior mostramos civilidad cuando empáticamente queremos esa misma paz, tranquilidad y seguridad para los demás. Por eso precisamente hemos llegado al punto en el que no dejamos que mueran los discapacitados, ni los débiles, ni los enfermos y no andamos madreando niños ajenos. Queremos que todos se sientan seguros y tranquilos.

Por otro lado, si hay alguien que quiere vivir la naturaleza como los chimpancés, pues creo que todavía hay suficientes ecosistemas silvestres para que se mude allí y regrese a sus orígenes, pero tienen que estar consciente, que en aquellos lugares prevalece la ley de la selva y que sí o sí se encontrará otro u otros más en sintonía con la naturaleza que harán de su entera humanidad un objeto sexual con madrazos incluidos. Y creo que eso también está bien.

Nuestra responsabilidad como seres "inteligentes" debiera ser no solo la supervivencia de nuestra especie, pues los conocimientos que hemos acumulado nos permiten tener la certeza de que todas las especies podemos sobrevivir juntas, en la sostenibilidad que la naturaleza nos ha mostrado. Desafortunadamente, hemos jodido tanto nuestra humanidad y al resto del planeta que es prácticamente imposible volver a toda la entera "civilización" a un estado más cercano a nuestros orígenes, esos en los que nuestras embarradas no afectaban sino solo a nosotros. Y no es que matemáticamente no sea posible, sino que son las mayorías que simplemente no quieren dejar el sistema establecido para hacerse más acordes con la naturaleza pues se han adaptado a la idea de ser ladrillos en la pared de otros.

Cada uno de nosotros tiene un "despertar", mismo que es diferente y no hay dos iguales. Somos una variedad ilimitada de imaginaciones, de pensamientos, de intensidad de sentimientos y de sueños muy variados. No podemos tener el nuestro, y querer que esté acorde a los de los demás. Cada persona que descubre una realidad diferente a lo que ha creído, debe hacerla suya y vivirla con una plenitud personal. Si tú has encontrado una pequeña verdad, una reflexión que ha cambiado tu perspectiva, reconócela como solo tuya. No la prediques, no la impongas, simplemente vívela. Puedes compartirla, pero solo eso.

Deja que los demás tengan la extraordinaria experiencia de mirar por sí mismos, de apreciar nuevos colores, de descubrir el mundo paralelo que les fue negado pero que siempre fue suyo para tomar.

También hay que permitir que los que son felices en su sopor, pues sigan adelante viviendo atados a aquello que a ti ya te parece vano, pero que para ellos es tan valido como lo es para ti la realidad que has descubierto. Reconoce tu derecho a ser libre de algunas cosas, pero respeta el derecho de otros a atarse una piedra en el cuello. Deséales felicidad, deséales paz.

Lo que ciertamente resta a aquellos que han reconocido el pendejismo que han vivido, es simplemente aceptar el estado de las cosas que no pueden cambiar, pues las frustraciones que nacen de batallar con pendejos son muy grandes. Ya lo dice un refrán:

"Señor, mándame pena y dolor,

mándame males añejos,

pero lidiar con pendejos,

¡No me los mandes, Señor!"

Y solo para demostrar que todas las cosas son como las monedas: tienen dos caras, te cuento que un profesor preguntó a sus alumnos de tercer grado: "Haber niños, que les gustaría ser de grandes?" Juanito - "Doctor, maestro" Pedrito - "Piloto de avión" y así se escuchaban diferentes profesiones, pero después de escuchar varias de pronto: "¡Pendejo, profesor!" volteando sorprendido el profesor pregunta: "Pero Pepito, ¿Cómo se te ocurre, de donde sacas tremenda barbaridad?" Pepito muy seguro de sí mismo dice: "Mire, profesor, cuando pasamos por una casa bonita, mi papá dice: "Mira la casa de ese pendejo", cuando alguien conduce un carrazo: "Mira el carro que trae ese pendejo" y cuando ve que alguien va acompañado de una mujer hermosa: "Mira la vieja de ese pendejo" ¿ve maestro? Por eso cuando crezca ¡quiero ser pendejo!"

La realidad nos muestra pues que solo hay dos clases de pendejos: Los que lo niegan y los que alegremente lo aceptan. Los pendejos por ignorantes, y los pendejos por inteligentes.

La vida se presenta ante ti como un tiempo que has de vivir solo por un periodo incierto. No hay garantía ni certidumbre de ningún tipo. La has de recorrer como el camino que te llevará eventualmente a algún lado, sin siquiera saber cuáles son las escalas o puntos intermedios. Pero de que has de llegar, has de llegar. De que vas a morir, te vas a morir.

Aceptar igualmente que hay una gran posibilidad de que hayas sido engañado, ya sea por otros o por ti mismo es el primer paso hacia tu verdadera redención o liberación.

Recuerdo que cuando mi madre tuvo un episodio de hiperglicemia y perdió la vista, yo ingenuamente insistía en que la llevaran a visitar un oftalmológico para que determinaran que se pudiera hacer. Finalmente, y por las circunstancias fui yo el que tomó la iniciativa de llevarla, solo para que le dijeran a mi madre que el daño era irreversible y que desafortunadamente volver a ver era imposible. Mi padre quien esperaba molesto en casa me reclamó el que me hubiera tomado esa libertad. Desconcertado pregunté la razón de su reacción y me contestó: "Antes tu madre tenía la esperanza de volver a ver, pero esa esperanza se la quitaste tú, el día de hoy" ¡Putazo en el corazón!

En su amor a mi madre, mi papá pensaba que la ignorancia daba una esperanza y por tanto un aliciente a la vida, pues para cualquier persona perder la vista de manera definitiva debe de ser muy devastador. Yo había matado esa esperanza.

Es posible que la gran mayoría de las personas nos hemos construido con lo que nos han mentido construyendo una serie de alicientes para vivir. Y tristemente se puede observar que lo último que deseamos perder son precisamente esos alicientes. Tal vez la razón por la que nos aferramos a esas esperanzas construidas es porque tememos el quedarnos sin nada, y que en realidad seamos como los animalitos que tanta lastima nos dan, pues no tienen dios, no tienen la posibilidad de un futuro y mucho menos podrán gozar de la vida eterna, pues dios no tiene planes de redención para todos ellos. Las moscas no van al cielo.

De igual manera, en nuestra "buena" intención de "proteger" a los que amamos, les mentimos o simplemente los dejamos engañados. No les damos la dignidad de ser ellos mismos los que puedan mostrar su valía como seres inteligentes, capaces de gestionar sus temores, sus dudas e inseguridades. Mi padre pensaba que el mantener oculto su verdadero estado de salud a mi madre, la protegía. La ironía de las cosas: Mi madre siempre supo que había perdido la vista permanentemente, y así se lo hizo saber al médico que pensó haber revelado un incierto, pues como trabajadora del sector salud, estuvo en estrecho contacto con diabéticos y sus padecimientos. Le permitió a mi padre pensar que ella no lo sabía para que el no sufriera al pensar que ella sufría por esa certidumbre. Qué loco, ¿no?

Así que la ignorancia, el pendejismo o idiotez no viene como cromosoma obligado en nuestra esencia, viene como agregado cultural sin invitación, como el gorrón que llega felicitando a la novia sin saber que la fiesta es un bautizo. No estamos obligados ni a ser ignorantes, ni pendejos ni idiotas. A menos claro que neguemos tercamente nuestra real condición. Pero eso también está bien pues al final de todos modos moriremos seamos sabios o ignorantes y la muerte será el final definitivo a nuestros afanes.

Estamos ocupados, estamos distraídos y en esas circunstancias la realidad matemática es en nuestra mente completamente nula, misma que tal como el compadre aquel nos pudiera estar diciendo a cada momento: "Hay algo que quiero decirte", "No todo es lo que crees, ¿ME ENTIENDES?" y entre jalones y estirones nosotros simplemente no queremos entender. Pudiera ser que ese compadre desentendido percibía que el reclamar el engaño de su pareja significaría el perderla como compañera, que al perderla él mismo dejaría de disfrutar el hermoso cuerpo que prefería compartido antes que perdido. A lo mejor sus chilaquiles eran como ningunos o simplemente que la que aportaba en mayor medida a la economía familiar era ella. Ser engañado a veces resulta más cómodo que reclamar la verdad y sufrir consecuencias. La ignorancia por otra parte a veces es una bendición.

Ser pendejo a veces es por ser inteligente, también ser pendejo es por no serlo tanto, pero lo importante es que aceptemos alegremente nuestro pendejismo en la inteligencia de que a veces los pendejos tienen la mejor casa, el mejor auto y la mujer más hermosa.

Sea por una cosa o la otra simplemente abrazarnos, aceptarnos e incluso sentirnos empoderados al saber que nos vale madres lo que otros pendejos piensen de nuestro pendejismo, pues después de meditar profundamente el asunto, reconoceremos que este pinche sistema no nos deja mucho campo para no serlo. Ser conscientes de nuestra condición sin amargura y simplemente decirnos cariñosamente a nosotros mismos: "Soy Pendejo Por Pendejo".

ACERCA DEL AUTOR

No hay mucho que decir de mí. Salvo que soy nacido en la Perla
Tapatía, tierra de mariachis y tortas ahogadas. Disfruté de mis
primeros años entre capitalinos, costeños, sureños y norteños, dado
a mi espíritu aventurero, mi pata de perro y a incontables escapes
de la tutela de mis padres y de los extraños que me cuidaban. Tuve
la fortuna de conocer una variedad de gentes, comidas, lugares.
Todo ello con su respectiva dosis de problemas, sustos y aventuras.
Educado por los hijos de Juárez, de Washington y de vez en
cuando por los hijos de la calle.
He sido hijo, padre y muy raras veces hermano. De familia
numerosa, de las de antes, pero de distancias lejanas, como tantos
que se van al norte. Observador de la vida, discípulo de algunos
dioses y apóstata de todos. ¿Educación académica? ¿Títulos,
maestrías o doctorados? Irrelevantes como inexistentes y de
haberlos, ¿Realmente importan? Cuando muera, si es que muero,
seré recordado por muchas cosas, menos por logros académicos.
Seré el tío, el padre y el amigo, el amante sin olvido y aquel que tal
vez nunca sea olvidado. Que espero de verdad, sea tema en tardes
cafeteras y risas de largas borracheras, de cuentos cortos, serios, a
veces graciosos y a veces exagerados.